Guillaume Apollinaire

Les incertitudes de l'identité

Suivi de

À la découverte de Jacqueline Apollinaire
Entretien avec Gilbert Boudar

À Charles Mauron I. M.

Anne Clancier

Guillaume Apollinaire

Les incertitudes de l'identité

Suivi de

À la découverte de Jacqueline Apollinaire
Entretien avec Gilbert Boudar

L'Harmattan
5-7, rue de l'École-Polytechnique ; 75005 Paris
FRANCE

L'Harmattan Hongrie
Könyvesbolt
Kossuth L. u. 14-16
1053 Budapest

Espace L'Harmattan Kinshasa
Fac..des Sc. Sociales, Pol. et
Adm. ; BP243, KIN XI
Université de Kinshasa – RDC

L'Harmattan Italia
Via Degli Artisti, 15
10124 Torino
ITALIE

L'Harmattan Burkina Faso
1200 logements villa 96
12B2260
Ouagadougou 12

Du même auteur

Anne Clancier, membre de la société psychanalitique de Paris et de l'Association internationale des critiques littéraires.

Ouvrages

Parents sans défauts, en collaboration avec Roland Jaccard, Paris, Hachette, 1971.
Psychanalyse et critique littéraire, Toulouse, Privat, 1973.
Le paradoxe de Winnicott, en collaboration avec Jeannine Kalmanovitch, Paris, Payot, 1984 et Paris, Ed. In press, 1999.
Raymond Queneau et la psychanalyse, Paris, Ed. du Limon, 1994.
Noël Arnaud, *C'est tout ce que j'ai à dire pour l'instant, entretiens avec Anne Clancier,* Patrick Fréchet éditeur, 2004.

Travaux sur :

Guillaume Apollinaire, Pierre Béarn, Boulgakov, Blaise Cendrars, Jean Cocteau, Noël Devaulx, Louis-René des Forêts, André Frénaud, Louis Guillou, Patrick Modiano, Vladimir Nabokov, Claude Roy, Jean-Paul Sartre, Jean Torel, Boris Vian, Claude Vigée.

Œuvres de fiction

Nouvelles publiées dans les revues *Corps écrit, Le Croquant,* les *Cahiers de psychologie de l'art et de la culture de l'Ecole des Beaux-Arts.*

www.librairieharmattan.com
harmattan1@wanadoo.fr
diffusion.harmattan@wanadoo.fr

ISBN : 2-296-00329-X
EAN : 9782296003293

Sommaire

PRÉFACE

Michel Décaudin

En 1970, le petit groupe de travail qui venait de se constituer pour étudier Apollinaire s'était donné pour programme de dresser un état présent des méthodes et approches critiques. Le moment s'y prêtait doublement. D'une part, les voies ouvertes par ce qu'on avait appelé la « nouvelle critique » incitaient à d'inévitables remises en question sans parler des non moins inévitables polémiques. De l'autre, les recherches sur Apollinaire étaient à un tournant. La décennie qui s'achevait avait vu paraître nombre d'inédits, une première réunion des œuvres complètes (ou supposées telles à l'époque) ainsi qu'une réédition de la biographie de Pierre-Marcel Adéma ; elle avait vu aussi se multiplier les travaux, mais le plus souvent sous forme d'articles d'érudition ou d'exégèse de caractère ponctuel. Le besoin se faisait sentir d'un regard différent sur l'homme et sa personnalité comme de synthèses embrassant la totalité de l'œuvre.

S'étonnera-t-on que nous ayons vu dans la psychanalyse et la psychocritique (comme également dans la thématique et les théories de l'imaginaire) un instrument qui répondait à nos préoccupations ? Nous connaissions l'intérêt d'Anne Clancier pour la littérature, son sens aigu de la poésie ; je l'avais rencontrée dans des séminaires nanterrois. C'est tout naturellement à elle que nous fîmes appel. Nous ne lui avons pas rendu la tâche facile ; car, avec - avouons-le - quelque malice, nous avions fait en sorte de la détourner des pièces connues, trop porteuses à nos yeux d'idées reçues, pour l'orienter vers la prose, encore peu explorée.

Le résultat passa nos espérances et balaya les réticences des quelques sceptiques. L'« Ebauche d'une psychocritique », dont on trouvera ici le texte original, allait à la rencontre de tout ce que nous avaient appris l'histoire littéraire et l'analyse classique ; souvent même elle éclairait et confirmait nos intuitions. Il suffit de se référer à la discussion qui suivit pour s'en rendre compte et voir combien Jean Burgos et moi-même en particulier nous avons souligné les convergences avec nos propres trajectoires critiques[1].

Depuis cette mémorable prestation Anne Clancier est des nôtres et participe assidûment à toutes nos activités, nous apportant dans une discrète fantaisie un savoir toujours original. Les interventions qu'elle a réunies dans ces pages sont de dates et de destinations très différentes. Elles sont pourtant bien autre chose qu'une réunion artificielle d'articles. Leur enchaînement et leur complémentarité en font un véritable livre, fruit non de curiosités accidentelles, mais d'une continuité et d'une cohérence dans le questionnement de l'homme et de l'œuvre.

Autour de quelques points d'ancrage solidement fixés d'entrée de jeu, *L'Enchanteur pourrissant*, *Le Poète assassiné*, *Giovanni Moroni*, *Zone*, *Cortège*, se font et se défont des réseaux de textes où se répondent pièces réputées majeures ou mineures, prose et vers, œuvre érotique et théâtrale, sans oublier le cinéma auquel Apollinaire toucha avec *La Bréhatine*.

L'unité du *corpus* se dégage alors, là où les critiques n'avaient prétendu découvrir que des disparates. Et, à travers cette unité se faisait jour l'interrogation angoissée d'Apollinaire sur lui-même débouchant sur une construction imaginaire de son identité. Cette « recherche d'identité » qui est le dernier point de l'« Ebauche » est développée dans « Apollinaire, inventeur de lui-même », magistral tissage tiré de tous les côtés de l'œuvre, qui conduit à cette observation qu'il est « homme du

[1] in *Guillaume Apollinaire 11*, Paris, Lettres modernes, 1972, 7-36.

présent » dans sa vie comme dans ses options esthétiques. Le « roman familial », l'interrogation sur le secret des origines sont naturellement liés à la quête de soi : à ce sujet et à ses environnements, comme l'ambiguïté sexuelle, sont consacrés plusieurs chapitres. Au moment de leur rédaction Anne Clancier ne pouvait connaître les découvertes ou les hypothèses les plus récentes concernant les parents du poète ; mais, belle preuve de perspicacité, ces données nouvelles ne mettent pas en cause les conclusions auxquelles elle était déjà arrivée.

Il fut longtemps de bon ton - certains attardés n'ont pas désarmé - de prendre Apollinaire pour un bon garçon assez superficiel, un peu balourd, toujours prêt à gober le dernier bobard, instable et dépourvu de toute pensée esthétique. Tous les travaux récents, qu'ils soient d'ordre biographique, thématique ou génétique, dégagent au contraire la complexité de sa psychologie, la constance de ses idées sur l'art, la continuité de son cheminement créateur, la cohérence profonde qui innerve la diversité d'une production « variée », selon ses propres mots, « comme un enchanteur qui sait varier ses métamorphoses ».

Anne Clancier a sa place, fût-ce par anticipation, dans ce courant.

Corpus des œuvres majeures Pour une étude psychocritique d'Apollinaire

- *L'Enchanteur pourrissant* : le mythe.

On découvrira que c'est le mythe personnel de l'auteur

- *Le Poète assassiné* : le roman autobiographique.

On comparera biographie réelle avec biographie fictionelle.

- *Giovanni Moroni* : la Sainte-Famille, la famille idéale.
- Trois poèmes du recueil *Alcools* :
  - *Zone*, autobiographie en poème
  - *La maison des morts*
  - *Cortège*, poème sur la quête d'identité seront souvent cités.

Des allusions seront faites à d'autres poèmes et à des récits en prose.

Références aux œuvres d'Apollinaire et sigles :

- *Œ C I, II, III, IV*,*Œuvres complètes*, édition établie sous la direction de Michel Décaudin, Paris, André Balland et Jacques Lecat, 4 vol., 1965-66.
- *Po*, *Œuvres poétiques*, texte établi et annoté par Marcel Adéma et Michel Décaudin, Paris, Gallimard (Bibliothèque de la Pléiade), 1956.

- *Pr, I, Œuvres en prose*, tome I, textes établis, annotés et présentés par Michel Décaudin, Paris, Gallimard (Bibliothèque de la Pléiade), 1977.

- *Pr, II, III, Œuvres en prose complètes*, textes établis, annotés et présentés par Pierre Caizergues et Michel Décaudin, Paris, Gallimard (Bibliothèque de la Pléiade), tome II, 1991 ; tome III, 1993.

- L'Enchanteur pourrissant *Ep.*

- Le poète assassiné *Pa.*

- Alcools *Al.*

- *GA, Revue des Lettres modernes, Guillaume Apollinaire.*

INTRODUCTION

Guillaume Apollinaire et le contre-texte

Depuis ma jeunesse j'ai partagé mes centres d'intérêt entre, d'une part, le souci de comprendre et d'aider les autres à résoudre leurs problèmes psychologiques par une meilleure connaissance des substrats inconscients de leur souffrance et, d'autre part, la passion de la littérature qui m'amenait à essayer de déchiffrer les traces de l'inconscient dans les textes des écrivains.

Je me suis penchée particulièrement sur les séquelles des traumatismes et les difficultés d'identité dans les cas cliniques et leurs reflets dans les œuvres littéraires.

Je précise d'abord les méthodes employées pour mes recherches.

J'ai commencé par utiliser la psychocritique imaginée et mise au point par Charles Mauron[2]. Celui-ci a essayé d'introduire une rigueur dans la critique littéraire psychanalytique en élaborant la codification précise de quatre opérations successives qu'il justifie sur le plan théorique.

La première opération consiste à superposer les textes afin d'y déceler les constantes répétitives : métaphores obsédantes et situations dramatiques récurrentes. On entrevoit ainsi des réseaux inconscients. La seconde opération vise à dégager des

---

[2] Ch. Mauron, *Des métaphores obsédantes au mythe personnel,* Paris, José Corti, 1963.

figures mythiques, fondées sur les imagos[3]. Dans la troisième, on étudie les relations entre ces figures mythiques. On peut ainsi déceler un scénario, un drame latent que Charles Mauron a appelé le « mythe personnel » et qu'il définit comme « un phantasme permanent qui fait pression sur la conscience de l'auteur lorsqu'il écrit ». Enfin la quatrième opération se réfère à la biographie et permet d'avancer des hypothèses sur la genèse des fantasmes inconscients.

Charles Mauron conseillait de lire et de relire inlassablement les textes, il disait même qu'il était bon de les savoir par coeur. Il était aveugle et, pour lui, la meilleure façon d'avoir constamment les textes à sa disposition était de les apprendre, ce qui lui permettait d'associer plus librement.

Ensuite se dégagent, dans l'esprit du lecteur, des fantasmes, des représentations comme il en va au cours d'une cure dans l'esprit de l'analyste écoutant le patient.

Les situations répétitives dans les textes peuvent avoir la valeur des « souvenirs-écrans » dans la vie courante, c'est-à-dire les souvenirs qu'un sujet met en évidence fréquemment et qui sont destinés à masquer des souvenirs antérieurs ou des fantasmes archaïques refoulés.

En étudiant les textes d'Apollinaire, j'ai souvent pensé à un patient qui présentait des similitudes avec le poète sur les plans de la biographie et du discours, notamment des carences familiales et un usage fréquent de mythes. Peu à peu, j'ai mis en parallèle le matériel clinique et le matériel littéraire ; cette comparaison m'a permis, dans les deux domaines, des découvertes que je vais relater dans certains chapitres.

J'avais appliqué ce mode de recherche à plusieurs auteurs, lorsqu'en 1976, travaillant sur les œuvres de Boris Vian et sur celles qu'il a signées du pseudonyme de Vernon Sullivan, il s'est passé un curieux phénomène. J'ai éprouvé une sensation de

---

[3] imagos : figures inconscientes des parents (ou fantasmes inconscients relatifs aux imagos des parents), cf. *Vocabulaire de Laplanche et Pontalis*, Paris, PUF, 1967.

dégoût, puis de nausée, suivie d'un malaise que je n'avais jamais connu avec d'autres auteurs. En analysant de très près le texte ayant provoqué ces réactions, je suis arrivée à prendre conscience d'un fantasme très archaïque, cannibalique, grâce aux connotations orales contenues dans le texte et retrouvées dans d'autres œuvres de l'auteur. J'ai alors introduit le concept de *contre-texte*[4] que j'ai appelé ainsi par analogie avec le contre-transfert dans la cure analytique et que j'utilise régulièrement.

La réaction avait été très violente, sans doute parce que le texte avait touché à un fantasme inconscient que je refusais. Puis une image surgit, en marge de ma lecture : il s'agissait d'un loup dévorant une femme. Dans le texte manifeste il ne s'agissait pas d'un loup mais d'un homme, cependant le mot loup revenait sous différentes formes, par exemple, Lou, prénom d'une femme, et il était question de morsures comme pourrait le faire un animal féroce. Dès que ce fantasme a pu accéder au préconscient, l'affect a été lié par une représentation et mon malaise a cessé.

Au Centre culturel de Cerisy-la-Salle[5], pendant le colloque Boris Vian, plusieurs auditeurs, après m'avoir entendue, révélèrent qu'ils avaient eu, eux aussi, des réactions étranges à la lecture de cet écrivain. Ainsi, Alain Costes qui travaillait depuis un an sur *L'Écume des jours* a dit qu'il avait eu mal à la gorge pendant toute cette période et qu'il s'en était demandé la cause. L'énonciation de mon idée du contre-texte lui a suggéré qu'il s'était peut-être identifié à Boris Vian qui, vers quatorze ans, eut une angine qui provoqua l'affection cardiaque dont il

[4] A. Clancier, « L-R. des Forêts et le témoin clandestin. De l'utilisation du contre-texte », Colloque du Collège des Hautes Etudes psychanalytiques, novembre 1990, *La psychanalyse hors cure, Psychanalyse à l'Université*, Tome 16, N° 63, Juillet 1991, 123-138,
et « De la psychocritique au contre-texte », *Le Coq-Héron, Littérature personnelle et psychanalyse*, 1992, N° 126, pp. 40-48.

[5] A. Clancier, « Qu'est-ce qui fait courir Boris Vian ?" in *Boris Vian*, 10/18, Paris 1976, pp. 49-86. (Colloque de Cerisy, volume 2).

mourut. Alain Costes avait réagi par une réaction somatique, de l'ordre d'une hallucination sensorielle, à la lecture de ce roman, car ce mal de gorge dura pendant la durée de son travail sur *L'Écume des jours*. Cette sensation était un début de représentation, une attaque de gorge comme celle qui est décrite dans *J'irai cracher sur vos tombes*.

Pour élaborer ma théorie du contre-texte, je me suis appuyée ensuite sur les travaux de Michel de M'Uzan concernant la pensée paradoxale[6], puis sur ceux d'André Green sur la déliaison[7] et plus récemment sur ceux de César et Sarà Botella sur la régression formelle[8] et sur la figurabilité[9].

Certains textes, comme les manifestations de certains patients, sont vécus par nous comme une effraction dans le système pare-excitation, autrement dit le Moi entraîné vers une régression est littéralement affolé, ce qui déclenche des affects jusqu'au moment où le fantasme inconscient peut être représenté.

Quant aux auteurs de ces textes, il est probable qu'ils ont trouvé une solution à leurs conflits archaïques par une inscription dans l'écriture.

En ce qui concerne Apollinaire, je n'avais pas encore élaboré le concept de *contre-texte* lorsque j'ai commencé mes études sur ce poète. J'ai analysé, depuis, quelles avaient été mes réactions à la lecture des textes ainsi que celles qui peuvent se produire actuellement lors de nouvelles lectures. J'éprouve,

---

6 M. de M'Uzan, « Contre-transfert et système paradoxal », 1976, in *De l'art à la mort, itinéraire psychanalytique*, Paris, Gallimard, 1977.

7 A. Green, *La Déliaison, Psychanalyse, anthropologie et littérature*, Paris, Les Belles lettres, 1992.

8 C. et S. Botella, « La problématique de la régression formelle de la pensée et de l'hallucinatoire », *La Psychanalyse : questions pour demain*, Colloque de la Société psychanalytique de Paris, Unesco, 14 et 15 Janvier 1989, Monographies de la *Revue française de psychanalyse,* Paris, PUF, 1990.

9 C. et S. Botella, *La Figurabilité psychique*, Lausanne, Delachaux et Niestlé, 2001 et Rapport du Congrès des Psychanalystes francophones, Paris, *Revue française de psychanalyse*, 4/2001

comme d'autres lecteurs, une empathie relative à la dépression visible dans les contenus manifestes des textes, mais surtout par rapport à la dépression profonde que l'on pressent par une lecture flottante qui nous met en contact avec les contenus latents. Dans certaines œuvres, cette mélancolie est brusquement rompue par des passages scatologiques ou obscènes qui témoignent de défenses maniaques contre la dépression. On peut citer, comme exemple, le poème lyrique, *La Chanson du Mal-Aimé*, qui inclut des fragments de tonalités différentes comme la « Réponse des cosaques Zaporogues au Sultan de Constantinople ». L'analyse du contre-texte m'a permis de comprendre l'un des motifs de ces alternances.

ÉLÉMENTS DE BIOGRAPHIE

Quelques repères biographiques permettront de mieux comprendre certains chapitres de cet ouvrage.

Rappelons brièvement la situation familiale d'Apollinaire.

Son grand-père, Apollinaire Kostrowitzky, descendant d'une grande famille polonaise, fut baptisé en 1820 à Siennica (canton de Minsk en Russie Blanche), en 1838 il s'engagea dans l'armée russe.

En 1855 il fut blessé au siège de Sébastopol, en 1857 il est mis à la retraite avec une petite pension d'invalidité. Il épouse Julia Floriani, d'origine italienne. Le couple va s'installer à Helsingfors où, en 1858, naît leur fille Angelina Alexandrina. Les parents, en situation difficile, parcourent l'Europe, se disputent, puis s'installent à Rome en 1866.

En 1868 Apollinaire Kostrowitzky est nommé camérier d'épée et de cape par le pape Pie IX, sa femme le quitte, elle passe à Marseille, en Angleterre puis à New-York où l'on perd sa trace. Il semble que les difficultés caractérielles qui marqueront leur fille Angelina, devenue Angelica en Italie, soient liées aux problèmes psychologiques de Julia Floriani et à la mésentente des parents. Mise par son père en pension dans un couvent, elle est renvoyée en 1874 parce qu'elle est « une enfant difficile » et peut-être aussi parce que le père ne paye pas la pension.

Angelica qui, plus tard, se fera appeler Olga, a une vie mystérieuse jusqu'en 1880 où, le 26 août, elle a un enfant qui est déclaré le 31 par une sage-femme, de père inconnu et d'une mère voulant garder l'anonymat. On lui attribue un nom pris sur la liste que la mairie de Rome fournissait dans un tel cas. On le nomme Guglielmo Alberto Dulcigni. Le 29 septembre il est baptisé à l'église San Vito e Modesto. Le 2 novembre Angelica reconnaît comme son fils, par acte notarié, Guglielmo Alberto Wladimiro Alessandro Apollinare de Kostrowitzky, deux de ces prénoms ont appartenu à des empereurs et le troisième à un dieu antique, la particule « de » a été ajoutée au nom de famille. Guillaume a toujours été appelé Wilhelm par sa mère, on peut se demander pourquoi elle lui donnait, dans l'intimité familiale, un prénom allemand, serait-ce un souvenir de l'homme qui pourrait être le père du poète ?

Deux ans après la naissance de Guglielmo, Angelica de Kostrowitzky accouche d'un nouveau garçon. On le déclare, lui aussi sous un nom d'emprunt, Zevini et le prénom Albert. Il sera reconnu par sa mère six ans plus tard. Son père n'est vraisemblablement pas le même que celui du poète.

Guglielmo a-t-il vu son père pendant les deux premières années de sa vie ? C'est peu probable. L'enfant fut probablement placé chez des parents nourriciers où il demeura quelques années et qu'il eut du mal à quitter comme en témoigne la nouvelle, vraisemblablement autobiographique, *Giovanni Moroni*[10].

Que pouvait faire, à l'époque, une jeune mère célibataire sans fortune, sans diplôme et sans métier, pour vivre et élever ses enfants ? Elle n'avait guère le choix qu'entre les professions domestiques et la galanterie. Angélique part pour Monaco avec ses enfants en 1887. Elle devient entraîneuse au casino. Elle fait donner une très bonne éducation à ses deux fils. Ils vont au Collège Saint-Charles. Guglielmo, qui va devenir Guillaume, apprend le français et peut-être le russe. Il est un très bon élève.

Ensuite Apollinaire va pendant quelques mois au collège Stanislas à Cannes, puis au lycée Masséna à Nice. Il est avide

[10] G. Apollinaire, « Giovanni Moroni », in *Oeuvres en prose,* Textes établis, annotés et présentés par Michel Décaudin, Paris, Gallimard, Bibliothèque de la Pléiade, 1977.

de lecture, de culture et noue avec des camarades des relations qui seront durables. En 1897 il échoue au baccalauréat. Jusqu'en 1899 il séjourne à Monaco, apparemment oisif ; mais il ne perd pas son temps : il lit presque constamment, sa culture devient immense, il observe, il écrit - ce sont des années de formation.

En 1897 Angelica rencontre Jules Weil, de onze ans son cadet, elle a une liaison avec lui, ils partageront une vie semée de difficultés financières, ils habiteront au Vésinet jusqu'à leur mort en 1919.

Au début de 1899, Apollinaire part avec sa famille pour Aix-les-Bains, puis pour Lyon, enfin pour Paris. Guillaume est ravi à l'idée de rencontrer les écrivains français qu'il admire. Il croit constamment en reconnaître un au cours de ses promenades.

De juillet à octobre 1899, Angelica, Jules Weil et les enfants font un séjour à Stavelot, en Belgique, à l'hôtel Constant qui deviendra, bien après la mort du poète, l'hôtel du Mal-Aimé. Madame de Kostrowitzky va jouer au Casino de Spa, à quelques kilomètres de là ; elle perd au jeu, rentre à Paris, et envoie un message à ses garçons leur ordonnant de quitter l'hôtel à la cloche de bois, car elle ne pourra pas payer la note. Guillaume et Albert partent nuitamment, prennent le train, mais ils sont rattrapés par la police à la gare suivante.

Pendant ce séjour à Stavelot, Apollinaire fait la cour à une jeune fille du pays, Maria Dubois. Il commence à écrire *L'Enchanteur pourrissant,* sa première œuvre importante.

Revenu à Paris, Guillaume fait de petits travaux, sert de nègre à des écrivains. Il écrit et réussit à faire publier quelques textes. En 1901 il est engagé comme précepteur par Madame de Milhau, une riche Allemande, veuve d'un vicomte normand, pendant quelques mois elle l'emmène dans ses voyages en Allemagne. Guillaume éprouve une vive passion pour Annie Playden, la jeune gouvernante anglaise des enfants ; tantôt elle accepte ses avances, tantôt elle le repousse. Il ira la voir en Angleterre. Finalement Annie ira vivre aux États-Unis. Cet amour malheureux inspirera au poète un de ses plus beaux poèmes *La Chanson du Mal-aimé* qui paraîtra en 1909 dans *Le Mercure de France.*

Apollinaire écrit constamment, il collabore à divers journaux, sa carrière d'écrivain s'affirme.

Il a une liaison avec Marie Laurencin, une jeune artiste peintre dont il contribuera à faire connaître l'œuvre dans ses critiques d'art.

Il emploie comme secrétaire un certain Géry Piéret qui vole des statuettes au Musée du Louvre, ce qui entraîne un séjour d'Apollinaire en prison. Ses amis interviennent en sa faveur, mais la presse de droite se déchaîne et demande l'expulsion de ce « métèque ». Le poète en est ulcéré et désire ardemment devenir français, mais les naturalisations sont difficiles à obtenir à cette époque.

Au cours d'un séjour à Nice, Apollinaire a une courte liaison avec une aristocrate, Louise de Coligny-Chatillon. Il s'ensuivra un échange de lettres, celles du poète, des lettres poèmes, seront publiées sous le titre *Lettres à Lou*[11].

La guerre de 1914-1918 survient. Apollinaire s'engage immédiatement, sa demande est refusée en raison de son âge (trente-quatre ans), il s'obstine et finalement il est incorporé dans un régiment à Nîmes.

Apollinaire est dans l'artillerie, il est envoyé au front. Il y écrit des poèmes, il admire les fusées qui éclatent dans le ciel.

Il prend une décision grave. Au lieu de rester dans l'artillerie où les risques sont moins grands que dans l'infanterie et la vie moins pénible, il demande à être affecté dans l'infanterie car, pense-t-il, il sera plus facilement naturalisé Français. Cela lui est accordé et la vie dans les tranchées commence, la guerre est devenue atroce. Il est blessé à la tête et

---

[11] Dans sa vieillesse, Lou évoquait encore volontiers les souvenirs de cette aventure (par exemple lors d'une conversation au cours d'un dîner relatée par Jean Leymarie).

trépané. Très fatigué à la suite de cette blessure il est affecté à Paris au service de la censure.

Déprimé, Apollinaire qui était fiancé à une jeune femme, professeur en Algérie, Madeleine Pagès, rompt alors ses fiançailles, il pense même à se faire prêtre. Il contracte une maladie pulmonaire.

Il rencontre une jeune fille, connue autrefois, Jacqueline Kolb, elle a perdu son fiancé à la guerre. Il l'épouse en mai 1918. Ils ne seront mariés que quelques mois car, le 9 novembre 1918, il meurt de la grippe espagnole. Sa mère et Jules Weil mourront, en mars 1919, de la même maladie et son frère Albert mourra au cours de l'année suivante au Mexique.

CHAPITRE I

Approche psychocritique de l'œuvre d'Apollinaire

Profondeurs de la conscience
On vous explorera demain

J'ai commencé mes recherches sur Guillaume Apollinaire par une étude psychocritique. J'ai alors pratiqué la première opération de la méthode psychocritique : la superposition des textes[12]. Cette superposition vise à déceler, « *sous les structures voulues du texte* », des « *associations d'idées involontaires* » vraisemblablement en relation avec l'inconscient de l'auteur. Cette pratique permet de mettre en évidence, au niveau des macro-structures, des situations dramatiques répétitives qu'une simple lecture n'aurait pas fait apparaître, et, au niveau des microstructures, des métaphores obsédantes.

Le but visé par la psychocritique est de déceler dans les œuvres les traces des conflits inconscients de l'auteur. Il s'agit d'une critique partielle n'excluant en aucune façon les autres types de critique mais, au contraire, y ajoutant des éléments pour une compréhension plus profonde. La superposition de toutes les œuvres d'un créateur peut faire apparaître son *mythe personnel*. Charles Mauron a défini ce mythe comme un fantasme inconscient persistant qui fait pression sur la conscience de l'auteur lorsqu'il écrit. Ce fantasme arrive ainsi

[12] Ch. Mauron, *Des métaphores obsédantes au mythe personnel*, *op. cit.*

au niveau préconscient et peut être exprimé dans le texte de façon occulte.

La castration

Dès qu'on a superposé quelques œuvres d'Apollinaire on s'aperçoit que le thème de la mutilation, sous différentes formes, revient de façon obsédante. Freud nous a appris que ce thème est révélateur d'une angoisse de castration. Je n'établirai pas le répertoire des variantes de ce motif qu'illustre de façon fulgurante le vers de *Zone* : « *Soleil cou coupé* ».

Dès *L'Enchanteur pourrissant* le thème de la castration apparaît de façon répétitive. Pol-P. Gossiaux dans ses recherches sur *Les Sept Epées* (*GA*5, 41) a noté que la mort de Merlin l'enchanteur est liée à la perte de son épée magique ; on sait que l'épée est un symbole phallique.

Le grand nombre de femmes dangereuses, castratrices, que l'on rencontre dans cette œuvre n'est certainement pas dû au hasard : Médée l'infanticide, Hélène, Urgande la méconnue, sorcière sans balai (donc femme châtrée), etc. On pressent déjà ici la terreur inconsciente qu'inspire à Apollinaire l'image de la femme vécue comme châtrée et agressive.

On remarque que la castration ne semble pas dans cette œuvre le fait d'un personnage masculin, donc paternel, mais d'un personnage féminin. D'autre part, on est frappé par la connotation anale[13] des principaux thèmes.

Dans le titre même, le mot « pourrissant » suggère l'analité, et il est très souvent question dans le texte de cadavres, de putréfaction, d'odeurs fétides. Les fèces sont même évoquées directement. Urgande la méconnue dit :

« Certainement parmi ce qu'il y a de plus rare au monde on peut compter la merde de Pape, mais un peu de celle de celui

---

[13] Au cours du développement de l'enfant, l'organisation de la libido passe par plusieurs stades : oral, anal (ou sadique-anal) et génital.

qui est mort me satisferait mieux. Je cherche cette rare denrée et non pas le corps de l'enchanteur lui-même ».

La souillure est également fréquente. Médée dit à l'Enchanteur : « *Je crache sur le sol, je voudrais cracher sur toi* ».

Le corps de l'Enchanteur, pourrissant dans son tombeau mais ne disparaissant pas, que la femme tient en son pouvoir, est une figuration de la relation, au stade anal, de l'enfant avec ses fèces.

L'attention est rapidement attirée par de telles connotations liées au stade sadique-anal de l'évolution de la libido.

Le contenant-contenu

La superposition des œuvres permet ensuite de mettre en évidence un motif prévalent dans l'œuvre d'Apollinaire. Il s'agit du thème contenant-contenu, qui est déjà celui de *L'Enchanteur pourrissant ;* nous verrons qu'on le retrouve sous des avatars divers, d'une façon obsédante.

Je ne donnerai que quelques exemples, qui montrent que ce thème peut revêtir des aspects apparemment très différents, mais que sa présence est indubitable. Dans « Sainte Adorata », un corps de femme embaumé est découvert dans un sarcophage ; on le prend pour le corps d'une martyre chrétienne ; en réalité, il s'agit d'une femme contemporaine, morte subitement, que l'homme qu'elle aimait a enterrée clandestinement près de son château, afin qu'elle demeure près de lui. Dans *Le Poète assassiné*, on édifiera une statue en creux de Croniamantal :

« - Non, (...) répondit l'oiseau du Bénin, il faut que je lui sculpte une profonde statue en rien, comme la poésie et comme la gloire.

- Bravo ! Bravo ! dit Tristouse en battant des mains, une statue en rien, en vide, c'est magnifique, et quand la sculpterez-vous ?

- Demain, si vous voulez (...).

Dans la clairière, l'oiseau du Bénin se mit à l'ouvrage. En quelques heures, il creusa un trou ayant environ un demi-mètre de largeur et deux mètres de profondeur (...).

L'après-midi fut consacré par l'oiseau du Bénin à sculpter l'intérieur du monument à la semblance de Croniamantal.

Le lendemain, le sculpteur revint avec des ouvriers qui habillèrent le puits d'un mur en ciment armé large de huit centimètres, sauf le fond qui eut trente-huit centimètres, si bien que le vide avait la forme de Croniamantal, que le trou était plein de son fantôme.

Le surlendemain, l'oiseau du Bénin, Tristouse, le prince des poètes et sa mie revinrent au monument, qui fut comblé avec la terre qu'on en avait tirée et là, la nuit tombée, on planta un beau laurier des poètes, tandis que Tristouse Ballerinette dansait en chantant (…) ».

Cette statue en creux destinée à recevoir le corps mythique de Croniamantal est une réplique du thème de *L'Enchanteur pourrissant.* Le poète sera là en creux, mais de cette forme émergera le phallus laurier : l'œuvre. Apollinaire nous laisse entrevoir qu'il avait une vision préconsciente de son fantasme et il donne ici une représentation symbolique de la sublimation des pulsions dans la création littéraire.

Deux vers de *Palais* évoquent encore ce motif contenant-contenu :

« Or ces pensées mortes depuis des millénaires
Avaient le fade goût des grands mammouths gelés ».

Couleur du temps nous présente de même le thème d'un corps enfermé dans un contenant : une femme représentant la Beauté, la Paix, l'Idéal, est prise dans un bloc de glace. Il y a là une idéalisation de la situation contenant-contenu qui implique une sorte de gel des pulsions, comme si l'angoisse liée au sadisme avait été insoutenable et qu'un blocage des affects se soit produit. Il s'ensuit une régression plus profonde allant jusqu'au stade narcissique. On rencontre dans l'œuvre d'Apollinaire des thèmes de statues, de masques, qui peuvent être interprétés dans le même sens.

L'amour dangereux

Un autre motif est révélé par la superposition des œuvres, celui de l'amour dangereux. Je ne m'attacherai pas ici aux textes dans lesquels ce thème est traité de façon consciente par Apollinaire le mal-aimé, mais je vais essayer de montrer que ce motif est décelable même lorsque le contexte de l'œuvre ne l'implique pas.

L'*inquiétante étrangeté*[14] de certaines associations de mots ou de situations nous met sur la voie d'affects inconscients. On peut noter des associations de l'amour avec la mort qui paraissent surprenantes. Ainsi dans « Sainte Adorata » le châtelain, parlant de la femme aimée dont on a retrouvé le cadavre et que l'on veut canoniser, dit : « *Je l'en crois digne à cause de sa grande beauté, de sa grâce unique et de l'amour profond qui l'a peut-être fait mourir* ». Or, dans ce récit, il s'agissait d'un couple heureux ; l'idée d'un amour mortel est donc insolite.

Dans *Le Poète assassiné*, Croniamantal rencontre la jeune Tristouse Ballerinette dans un bois, il l'aborde en ces termes :

> « N'aie aucune crainte, fillette aux bras nus.
> Reste avec moi. J'ai des baisers plein les lèvres. Les voici, les voici. J'en dépose sur ton front, sur tes cheveux. Je mords tes cheveux au parfum antique. Je mords tes cheveux qui se lovent comme les vers sur le corps de la mort. O mort, ô mort poilue de vers. J'ai des baisers sur les lèvres. Les voici, les voici, sur tes mains, sur ton cou, sur tes yeux, sur tes yeux, sur tes yeux... »

Même si l'on peut voir là une réminiscence baudelairienne traitée sur un mode humoristique, elle n'a pas surgi par hasard, et l'inconscient du poète y a certainement part.

---

[14] S. Freud, "L'inquiétante étrangeté", in *Essais de psychanalyse appliquée*, Gallimard, 1933, et collection "Idées", 1971.

L'affect inconscient est lié au sadisme comme nous le verrons en poursuivant cette analyse. Ici, l'amour est presque toujours lié à l'agressivité, celle-ci émanant tantôt de l'homme, tantôt de la femme, souvent ressentie comme une sorcière dangereuse (on est frappé par la fréquence avec laquelle le personnage de Lilith revient dans les poèmes comme dans la prose), l'homme n'a rien à lui envier : Merlin n'est-il pas un enchanteur, fils d'un diable et d'une femme ? Le roman « érotique » *Les Onze mille verges* ne devrait-il pas être qualifié de roman sadique en raison de la crudité des actes agressifs de tous types qui y foisonnent ?

Stades de la libido

Le complexe d'Œdipe, conflit fondamental et structurant de tout être humain est lié au stade phallique de l'évolution de la libido. Ce complexe comporte deux éléments : un désir à la fois charnel et tendre envers la mère (en ce qui concerne le garçon) et une rivalité avec le père entraînant des sentiments agressifs. Ce complexe d'Œdipe est perceptible dans la plupart des œuvres littéraires. On ne peut manquer d'être frappé par sa rareté, sinon son absence, dans les œuvres d'Apollinaire. Seul l'un des deux romans érotiques, *Les Exploits d'un jeune Don Juan*, a pour sujet le fantasme mégalomaniaque d'un jeune garçon à peine pubère qui a des relations sexuelles avec toutes les femmes de son entourage : sœur, tante, servante, à l'exclusion toutefois de la mère. Il faut noter d'une part que la rivalité avec un homme n'apparaît pas ici, le rival est tout simplement escamoté, d'autre part que sur le plan littéraire c'est une œuvre assez faible. Au contraire, *Les Onze mille verges* où l'agressivité, le sadisme sont prévalants est d'une meilleure qualité. Nous aurions tendance à croire, devant un fantasme heureux si étranger à ce que l'étude psychocritique nous a révélé de l'inconscient du poète, que *Les Exploits d'un jeune Don Juan* ne serait qu'un démarquage d'une œuvre ancienne.

La rivalité du complexe œdipien et la punition par la mort ou la castration sous des formes diverses apparaissent seulement dans quelques textes : dans *Le Poète assassiné*, on trouve un récit (*La Favorite*) évoquant un mari mort et son rival piétinant sa maîtresse sur le cadavre : l'agressivité envers la femme prédomine. La castration déplacée sur les yeux se rencontre dans *Giovanni Moroni*. Le thème œdipien des yeux crevés est relativement fréquent chez Apollinaire, mais on doit noter que cette mutilation est parfois infligée par une femme. Ainsi dans *Le Poète assassiné*, au moment de la mort de Croniamantal, quelqu'un lui crève un œil, et Tristouse Ballerinette lui crève l'autre. Dans *Que vlo-ve ?*, la rivalité œdipienne est le sujet apparent : deux ivrognes se disputent une aubergiste, l'un tue l'autre, le coupe en morceaux et met un bras du rival dans sa poche. On pourrait voir ici une représentation de castration, mais le morcellement préalable est l'indice d'une régression plus profonde ; de plus l'assassin est attiré, ensuite, par les génies de l'eau et se noie. Ce mode de suicide n'est pas indifférent, il évoque un retour vers une mère vécue comme dévorante.

Bien plus que le stade phallique et le complexe d'Œdipe nous trouvons dans l'œuvre d'Apollinaire les stades antérieurs et les pulsions partielles.

Le stade sadique-anal, dans ses deux phases décrites par Karl Abraham, apparaît très souvent, tant dans sa première phase de destruction de l'objet, que dans sa deuxième phase de maîtrise, de contrôle de l'objet. Les métaphores qui doivent avoir pour sources inconscientes les pulsions partielles anales sont très nombreuses[15].

Nous trouvons de multiples images de mutilation qui ne paraissent pas devoir être rattachées à un contexte œdipien, car elles se rapportent à des femmes. Ainsi, dans *Signe* :

« Les mains des amantes d'antan jonchent ton sol »

---

[15] Pour l'analité et l'obscénité cf. Cornille J-L. *Apollinaire et Cie*, Septentrion, 2000.

et encore (*Le brasier*) :

« Les têtes coupées qui m'acclament
Et les astres qui ont saigné
Ne sont que des têtes de femmes »

et dans *Rhénane d'automne* :

« L'automne est plein de mains coupées
Non non ce sont des feuilles mortes
Ce sont les mains des chères mortes
Ce sont tes mains coupées ».

On peut poser comme hypothèse que le Moi d'Apollinaire a régressé de la phase œdipienne à la phase anale, non point tant en raison de l'angoisse de castration par le rival œdipien qu'en raison de l'angoisse provoquée par l'image inconsciente de la femme vécue comme châtrée et de ce fait dangereuse. Le sexe féminin est une hantise pour Apollinaire, ce sexe « *sanglant* », donc blessé, donc dangereux par rétorsion. L'adjectif « *oblong* » revient de façon obsédante ainsi que les yeux qui sont évoqués fréquemment dans un contexte étrange ou persécutoire évoquant un affect sous-jacent lié aux organes sexuels, ainsi dans *Le Larron* :

« Un homme bègue ayant au front deux jets de flammes
Passa menant un peuple infirme pour l'orgueil
De manger chaque jour les cailles et la manne
Et d'avoir vu la mer ouverte comme un œil »

ou dans *L'Ermite* :

« Et je marche Je fuis ô nuit Lilith ulule
Et clame vainement et je vois de grands yeux
S'ouvrir tragiquement Ô nuit je vois tes cieux
S'étoiler calmement de splendides pilules ».

Le fait rare d'évoquer dans des poèmes les menstruations féminines mérite d'être souligné et mis au compte des fantasmes angoissants du poète :

« Aujourd'hui tu marches dans Paris les femmes sont ensanglantées » (*Zone*).

Et plus encore la première strophe de « Merlin et la vieille femme » dans un contexte évoquant la figure de la mère :

« Le soleil ce jour-là s'étalait comme un ventre
Maternel qui saignait lentement sur le ciel
La lumière est ma mère ô lumière sanglante
Les nuages coulaient comme un flux menstruel ».

On rencontre également le mot « *sanglant* » à proximité du mot « *veuve* » :

« Intercalées dans l'an c'étaient les journées veuves
Les vendredis sanglants et lents d'enterrements »

...évoquant sans doute le fantasme d'une épouse meurtrière.

Dans la « Fable de l'huître et du hareng »,[16] un hareng voyant une huître ouverte va la saluer, dès qu'il s'approche l'huître refermant ses valves le décapite (le mot « *valve* » ne diffère du mot « vulve » que par une lettre, on sait que l'inconscient s'exprime par des approximations de cette sorte).

Ces vers du *Dôme de Cologne* évoquent la même hantise :

« Et la Venetia lasse de ses névroses
Viendra vouer à Dieu demain lundi des roses
Ses linges menstruels tachés d'hématidroses ».

Par ailleurs le thème du sang, dans des contextes différents, revient très fréquemment.

Cette angoisse déclenchée par le sexe féminin peut déterminer une régression vers l'érotisme anal, ainsi qu'une prédilection pour la partie postérieure du corps féminin, par évitement du sexe lui-même. Aussi n'est-il pas étonnant de rencontrer chez Apollinaire un grand nombre d'images telles que :

« Et moi j'ai le cœur aussi gros
Qu'un cul de dame damascène » (*La Chanson du Mal-aimé*)

ou :

« Dame de mes pensées au cul de perle fine » (*Palais*)

et :

« Ô Seigneur flagellez les nuées du couchant
Qui vous tendent au ciel de si jolis culs roses » (*L'Ermite*)

---

[16] G. Apollinaire, « Le Poète assassiné », chap. VIII, ŒC, II, 246.

où la hantise de l'ermite rejoint celle du poète.

La régression a entraîné un retrait de la libido vers des positons archaïques auxquelles elle avait dû être fixée lors de la phase sadique-anale ; l'érotisme anal dut être particulièrement développé et les pulsions sadiques violentes. Ainsi, un goût, qui peut paraître puéril, pour les expressions scatologiques, les plaisanteries vulgaires, les jeux de mots, se comprend mieux dans cette perspective. On peut citer, par exemple, cette séquence des *Mamelles de Tirésias* :

Le mari :	« (...) Elle est soldat ministre merdecin
Le gendarme :	Mère des seins
Le mari :	Ils ont fait explosion mais elle est plutôt merdecine
Le gendarme :	Elle est mère des cygnes Ah ! combien chantent qui vont périr Écoutez ».

Une lecture psychocritique nous amène à rapprocher dans ce texte la succession d'associations suivantes : fèces - seins - explosion - mort. Dans la deuxième strophe de la *Réponse des cosaques Zaporogues au Sultan de Constantinople* :

« Poisson pourri de Salonique
Long collier de sommeils affreux
D'yeux arrachés à coups de pique
Ta mère fit un pet foireux
Et tu naquis de sa colique ».

Nous avons la succession : sadisme (castration) - analité-conception cloacale de la naissance. Dans *Le Poète assassiné*, la naissance de Croniamantal est ainsi décrite :

« Le baron dormait dans un coin de la chambre, sur quelques couvertures de voyage. Il fit un pet qui fit rire aux larmes sa moitié. Macarée pleurait, criait, riait, et quelques instants après mettait au monde un enfant bien constitué du sexe masculin. Alors, épuisée par tous ces efforts, elle rendit l'âme, en poussant un hurlement semblable à cet ululement que pousse l'éternelle première femme d'Adam lorsqu'elle traverse la mer Rouge ».

On voit ici la succession : analité-agressivité du père et de l'enfant (puisque la mère meurt de le mettre au monde) - mort de la mère-Lilith. À l'agressivité de l'enfant succède, par le mécanisme psychique appelé projection, l'agressivité figurée par le personnage de Lilith, sorcière dangereuse, souvent évoquée par Apollinaire et presque toujours associée aux cris des hiboux (l'animal des sorcières). Notons la fréquence dans les œuvres du poète des sorcières, fées, nixes, sirènes. On peut encore relever, parmi bien d'autres exemples, cette strophe de *Le ciel se couvre un matin de mai* où la terre est associée aux fèces :

« Notre machine ronde elle tourne et m'endort
Où la vie est mortelle et vit après la mort
En latin c'est terra l'Allemand l'appelle Erde
Un clair écho peut-être a su répondre Merde ».

En ce qui concerne la deuxième phase du stade sadique-anal caractérisée par le plaisir de maîtriser, de dominer l'objet, elle est illustrée par le thème contenant-contenu dont j'ai donné des exemples au début de cette étude ; le type même d'une fixation à ce niveau est l'argument de *L'Enchanteur pourrissant*. Les éléments d'étude ainsi rassemblés nous amènent à nous poser le problème du fantasme inconscient de la scène primitive chez Apollinaire. Freud a désigné sous le terme de *Urszene*[17] la représentation imaginaire que tout enfant se fait des rapports sexuels des parents. Généralement cette scène est fantasmée comme s'accompagnant de violence de la part du père, toutefois l'agressivité peut être attribuée aux deux partenaires. Ce fantasme est refoulé dans l'inconscient, mais il peut reparaître sous divers déguisements dans les rêves et dans les œuvres littéraires.

[17] *Urszene* : scène originaire. « Scène de rapports sexuels entre les parents, observée ou supposée d'après certains indices et fantasmée par l'enfant. Elle est généralement interprétée par celui-ci comme un acte de violence de la part du père." (J. Laplanche et J-B. Pontalis, *Vocabulaire de la psychanalyse*, Paris, P.U.F., 1967).

Il ne fait aucun doute que cette scène revêt un caractère particulièrement violent chez Apollinaire, en raison des fortes pulsions sadiques. Certains récits laissent apparaître, à peine voilé, ce fantasme. Ainsi *Le Juif latin* est l'histoire d'un éventreur de femmes. Le narrateur, au lieu de prévenir la police, laisse le criminel poursuivre ses agressions, il semble même heureux lorsqu'il apprend, par la lecture des journaux qu'on a trouvé encore une femme éventrée. Le narrateur jouit de son sadisme, par personne interposée, sans prendre de risques. On peut considérer le criminel comme un double diabolique du narrateur.

Dans *Les Onze mille verges* le sadisme est très cru, les scènes horribles abondent, elles sont décrites avec des redondances : corps coupés en morceaux, éventrés, éviscérés, etc. La lecture de cette œuvre serait insoutenable si l'humour n'était constamment présent. L'humour est une défense contre l'agressivité qui permettait à Apollinaire d'accepter ses fantasmes et de les faire accepter en les sublimant dans des œuvres.

Les *Poèmes à Lou* font de fréquentes allusions à des scènes de flagellation.

Le poème intitulé « 69 6666…6 9… » contient, en filigrane, la curiosité de l'enfant devant la scène primitive :

« 69
Deux serpents fatidiques
Deux vermisseaux
Nombre impudique et cabalistique
6 3 et 3
9 3 3 et 3
La trinité
La trinité partout
Qui se retrouve
Avec la dualité »

puis la culpabilité apparaît et la peur du châtiment :

« Et ces arcanes seraient plus sombres
Mais j'ai peur de les sonder

Qui sait si là n'est pas l'éternité
Par delà la mort camuse
Qui s'amuse à faire peur ».

À ce moment intervient l'ennui qui est, toujours, une défense contre un violent conflit inconscient :

« Et l'ennui m'emmantelle
Comme un vague linceul de lugubre dentelle
Ce soir ».

Mais la défense ne masque pas la proximité du danger et de l'angoisse (linceul).

On peut trouver un exemple de la peur vis-à-vis de la femme dans le poème *Ballade* dont le sujet est comparable à celui de *L'Enchanteur pourrissant* : une châtelaine retient trois jongleurs enfermés dans une tour, ils ont peur, le mot « lit » au dernier vers est sans doute une allusion à la sexualité.

Dans les exemples donnés ci-dessus le sadisme est attribué tantôt à l'homme, tantôt à la femme, mais nous verrons plus loin que les images masculines et féminines sont très ambiguës.

L'oralité

L'angoisse liée à la peur du sadisme anal peut provoquer une régression jusqu'au stade précédent : le stade oral. Le Moi abandonne une position qu'il a atteinte, lorsque, menacé par un conflit trop violent, il se réfugie sur des positions moins dangereuses. Mais, s'il y a eu également un conflit durant cette phase, il régresse encore.

Or Apollinaire avait certainement vécu des conflits intenses au stade oral, sa typologie en témoigne. On est frappé en regardant ses photographies de voir que, dès l'enfance, il avait dû être un gros mangeur. Il présentait une tendance certaine à l'obésité, il devait avoir du mal à refréner son appétit ; pendant la guerre, il se réjouit que le régime des militaires, au front, l'ait fait maigrir. Des observations cliniques ont montré que les sujets ayant de fortes pulsions orales et une peur de ces pulsions font cesser leur angoisse en mangeant. Or un personnage de *L'Enchanteur pourrissant*, le monstre dévorant, Chapalu, répond exactement à ce type psychologique, il mange constamment et il dit : « Il n'y a que lorsqu'on mange qu'on est bien ». Celui qui a peur de sa faim ne se sent plus dangereux lorsqu'il a bien mangé.

Au stade oral, la relation d'objet de l'enfant, sa relation avec la mère, s'organise autour de l'absorption de nourriture et sera vécue sur le mode manger - être mangé. Karl Abraham a subdivisé cette phase en deux périodes : une première répondant aux activités de succion et une deuxième, à partir de l'apparition des dents, qu'il a appelée sadique-orale (morsure). Dans l'œuvre d'Apollinaire, on rencontre des thèmes de cannibalisme qui répondent à cette phase. Dans *Le Poète assassiné*, Aristénète Sud-Ouest, le grand poète d'Haïti, est coupé en morceaux et dévoré. Dans *Palais*, les pensées sont transformées en rôtis et en pâtés que l'on sert aux convives d'un festin. Dans un poème épistolaire à Fernand Divoire, le désir de manger les ennemis après la victoire est exprimé sur un mode « plaisant ». Dans le poème « Merveille de la guerre », qui débute par le spectacle des fusées lumineuses, on trouve la métaphore suivante :

« C'est un banquet que s'offre la terre
Elle a faim et ouvre de longues bouches pâles
La terre a faim et voici son festin de Balthazar cannibale

Qui aurait dit qu'on pût être à ce point anthropophage
Et qu'il fallût tant de feu pour rôtir le corps humain
C'est pourquoi l'air a un petit goût empyreumatique qui n'est ma foi pas désagréable ».

On sait que la terre, ainsi que la mer, dans l'inconscient individuel comme dans les mythes collectifs, est une représentation symbolique de la mère.

Le sphinx, figure mythique de la mère archaïque dévorante, n'est pas absent des textes d'Apollinaire. Relevons seulement, dans la dernière partie du *Brasier* (un des plus beaux poèmes d'*Alcools*, et l'un des plus riches sur le plan des substructures inconscientes), la présence de la mère blessée, châtrée :

« Terre
Ô Déchirée que les fleuves ont reprisée »

celle des sphinx et la curiosité de l'enfant avide de connaître les mystères de la vie :

« J'aimerais mieux nuit et jour dans les sphingeries
Vouloir savoir pour qu'enfin on m'y dévorât ».

Les sirènes sont également évoquées fréquemment par le poète. Parfois la femme est comparée à un vampire :

« J'ai rêvé que j'allais à mon enterrement
Tu n'étais pas venue et j'entendais ton rire
Mais ta bouche était là ses suçons de vampire
Cerceaux rouges roulaient sous mon regard dément
Et je mourais encore en entendant ton rire » (*J'ai erré...*).

L'angoisse liée au stade oral perce sous la fréquence de deux thèmes : l'empoisonnement et la noyade. Dans le premier cas, l'objet partiel est absorbé (le sein maternel), il se venge et devient mortifère, dans le second cas c'est le corps du sujet qui est avalé, englouti.

Dans *Alcools*, dont le titre même évoque l'oralité, la fréquence des connotations orales est grande.

Dans le poème *Les Colchiques*, le thème du poison est conscient, mais la superposition des deux premières strophes fait apparaître un fantasme inconscient sous-jacent dévoilant l'interchangeabilité des deux protagonistes de la relation duelle orale, du nourrisson avec la mère : les vaches, donneuses de lait, donc participant du personnage maternel, s'empoisonnent en mangeant les colchiques mauves, mais les yeux violâtres de la femme aimée (la mère) empoisonnent le poète (l'enfant) ; cela nous est révélé par l'étrange métaphore de la seconde strophe :

« (...) les colchiques qui sont comme des mères
Filles de leurs filles (...) »

qui montre que les images inconscientes mère-enfant sont identiques, la relation est fusionnelle.

Les noyades, les noyés, l'adjectif « noyé » employé dans un sens figuré abondent. Les allusions à Ophélie se rencontrent dans plusieurs textes. *La Chanson du Mal-Aimé* est particulièrement riche en métaphores à connotation orale :

« Mon beau navire ô ma mémoire
Avons-nous assez navigué
Dans une onde mauvaise à boire »

ou encore :

« Voie lactée ô sœur lumineuse
Des blancs ruisseaux de Chanaan
Et des corps blancs des amoureuses
Nageurs morts suivrons-nous d'ahan
Ton cours vers d'autres nébuleuses »

où l'on peut noter les associations : lait-corps de femme-noyés.

On trouve des évocations d'animaux réels ou mythiques dévorants (murènes, sirènes, panthère), d'un « dieu pâle aux yeux d'ivoire » auquel on immole des victimes, de divinités chthoniennes. Dans une strophe de la dernière partie de *La Chanson du Mal-Aimé*, les associations : lac blanc - cygne mourant-sirène précédent, à la strophe suivante, un roi noyé :

« Un jour le roi dans l'eau d'argent
Se noya puis la bouche ouverte
Il s'en revint en surnageant ».

Ailleurs dans *Alcools*, on relève des images de la même sorte :

« Ce collier de gouttes d'eau va parer la noyée ».

Dans *Vendémiaire* :

« Il souriait jeune nageur entre les rives
Et les noyés flottant sur son onde nouvelle
Fuyaient en le suivant les chanteuses plaintives » (*Les sirènes*).

Dans le *Poème lu au mariage d'André Salmon :*

« Je le revis au bord du fleuve sur lequel flottait Ophélie
Qui blanche flotte encore entre les nénuphars ».

La Loreley qui ensorcelait les hommes, meurt d'amour, noyée. Un sonnet du *Guetteur mélancolique* unit mer et noyés dans un coït mortel :

« La nudité des mers je l'attife de voiles
Qu'elles déchireront en gestes de rafale
Pour dévoiler au stupre aimé d'elles leurs corps

Au stupre des noyés raidis d'amour encore
Pour violer la mer vierge douce et surprise
De la rumeur des flots et des lèvres éprises »
(*La nudité des fleurs...*).

La relation d'objet orale s'établit sur le mode de l'incorporation qui peut s'étendre à d'autres fonctions en particulier à la vision. Les expressions populaires : « *manger du regard* », « *dévorer des yeux* », traduisent très exactement ce processus. Apollinaire, dans de nombreuses métaphores, a condensé ce type de relation d'objet, ainsi dans *Vitam impendere amori* :

« Tu descendais dans l'eau si claire
Je me noyais dans ton regard »

dans le poème *Un soir* (*Alcools*) :

« La ville est métallique et c'est la seule étoile
Noyée dans tes yeux bleus »

dans *Le Voyageur* (*Alcools*) :

« Mais tandis que mourants roulaient vers l'estuaire
Tous les regards tous les regards de tous les yeux ».

Apollinaire avait sans doute l'intuition de ses conflits oraux, puisque dans le *Bestiaire* il s'identifie au poulpe :

« Jetant son encre vers les cieux,
Suçant le sang de ce qu'il aime
Et le trouvant délicieux,
Ce monstre inhumain, c'est moi-même ».

Le narcissisme

La violence des conflits oraux entraîne un nouveau retrait de la libido vers le Moi, une perte des investissements objectaux, qui peut s'exprimer en des fantasmes dans lesquels prédominent des images de squelettes, de marionnettes, de machines, de mécaniques, ainsi que des qualités de froid, de pâleur, de blancheur, de vide, de gel. De telles images sont fréquentes chez Apollinaire.

Nous avons déjà noté dans *L'Enchanteur pourrissant* la présence d'une femme « faussement vivante », Angélique. Merlin lui-même n'est-il pas, dans son tombeau, un être faussement vivant ? Les Trois Faux Rois Mages sont associés aux termes suivants : livide, blanc, ombre, cire, sépulture, « *chefs décollés* ». Le faux Balthazar parle du « fils d'un des plus petits faux dieux », comme le deuxième Druide des « *divinités fausses* » ; et l'on n'oublie pas les « *fausses femmes* » de *La Chanson du Mal-Aimé*.

Les saltimbanques, les masques sont fréquemment évoqués. Le poème *Crépuscule* (*Alcools*) n'a pas apparemment un sujet tragique, encore que le titre évoque une humeur mélancolique ; mais la connotation donnée par les mots *ombre - mort - s'exténue - crépusculaire - ciel - sans teinte - astres pâles - lait - blême - sorciers - fées - enchanteurs - un pendu - l'aveugle triste* nous invite à situer l'affect sous-jacent dans un registre de perte d'objet très angoissant. La première strophe de ce texte :

> « Frôlée par les ombres des morts
> Sur l'herbe où le jour s'exténue
> L'arlequine s'est mise nue
> Et dans l'étang mire son corps »

nous donne l'image même du narcissisme mortel.

Les mannequins sont animés dans *L'Emigrant de Landor Road* :

> « Les mannequins pour lui s'étant déshabillés
> Battirent leurs habits puis les lui essayèrent ».

Dans *La maison des morts* les morts habillés, qualifiés de « mannequins », s'animent et vont se mêler aux vivants.

Dans le poème *1909* (*Alcools*) les machines sont comparées à des femmes effrayantes :

« J'aimais les femmes atroces dans les quartiers énormes
Où naissaient chaque jour quelques êtres nouveaux
Le fer était leur sang la flamme leur cerveau
J'aimais j'aimais le peuple habile des machines
Le luxe et la beauté ne sont que son écume
Cette femme était si belle
Qu'elle me faisait peur ».

Dans *Couleur du temps* la femme est comparée à une machine :

« NYCTOR : Ô femme ô femme plus mécanique
Plus mécanique que les machines
L'âme des canons est plus sensible
Que l'âme de la femme il ne crie
En elle que l'instinct de l'espèce ».

Et Apollinaire lui-même dans le *Bestiaire* se compare aux Sirènes et fait allusion à une sorte de mécanique intérieure :

« Saché-je d'où provient, Sirènes, votre ennui
Quand vous vous lamentez, au large, dans la nuit ?
Mer, je suis comme toi, plein de voix machinées
Et mes vaisseaux chantants se nomment les années ».

Les imagos

Les imagos (c'est-à-dire les images inconscientes) parentales sont mal différenciées, semble-t-il, chez Apollinaire. Dans l'œuvre, souvent, les femmes sont peu féminines et les hommes peu virils. Les sexes paraissent parfois interchangeables. Dans *Les Mamelles de Tirésias*, on assiste constamment, sur un mode bouffon, à une interversion des sexes. Dans la comédie *Casanova*, le travestissement et l'indécision sexuelle sont au premier plan, les hommes se prennent constamment pour des femmes.

Le personnage de l'Enchanteur, si important pour Apollinaire, nous apporte une confirmation de cette ambiguïté. En effet, dans l'inconscient, les enchanteurs, magiciens, sorciers, participent beaucoup plus de l'imago de la mère archaïque que d'une image paternelle.

Le type de l'hermaphrodite est d'ailleurs présent dans l'œuvre du poète, dès *L'Enchanteur pourrissant*.

Le mythe personnel

La répétition de certaines situations dramatiques et de réseaux de métaphores obsédantes nous permet de dégager déjà des figures mythiques prévalantes et de formuler une hypothèse sur la structure du mythe personnel du créateur.

Nous avons vu revenir avec insistance deux figures mythiques : La Mal-aimante et Le Mal-aimé, La Fée castratrice et L'Enchanteur enchaîné. Or l'affrontement de ces deux figures se retrouve constamment dans la succession des œuvres. Le mythe d'Apollinaire est présent dès *L'Enchanteur pourrissant*, on le décèle, sous des avatars divers, dans *La Chanson du Mal-Aimé*, dans *Le Poète assassiné*.

Ce mythe est celui du conflit entre un désir de maîtrise totale de l'objet (sur le mode de la maîtrise sadique-anale) et le Moi qui lutte contre ce désir.

On peut voir dans les représentations de ces deux figures mythiques une image de la personnalité inconsciente d'Apollinaire et de son conflit prévalant. Le Moi angoissé devant la pulsion sadique se fait emprisonner par le Surmoi archaïque maternel, Merlin livre ses secrets à Viviane en sachant qu'elle les utilisera contre lui. C'est une solution sado-masochiste. Apollinaire est à la fois Viviane et Merlin, le Mal-aimé et le Mal-aimant ; il eut d'ailleurs une certaine conscience, après coup, de ce dédoublement. On sait qu'en 1915 il écrivit à Madeleine Pagès à propos de son amour malheureux pour Annie Playden :

« J'en fus jaloux sans raison (...) le mariage était impossible (...) j'en souffris beaucoup, témoin ce poème où je me croyais mal -aimé tandis que c'était moi qui aimais mal(...) ». (*Œ C*, IV, 492-3).

Le double sombre

On rencontre souvent dans des œuvres littéraires un personnage représentant la partie maléfique de la personnalité inconsciente : Charles Mauron l'a nommé *le double sombre*.

Cette part sadique projetée sur un personnage est souvent visible dans les textes d'Apollinaire. L'un des plus démonstratifs est *Le Juif latin* : la participation affective du narrateur avec le criminel est évidente. On doit retenir dans ce sens le pseudonyme Guillaume Macabre utilisé par Apollinaire à dix-sept ans, pour signer ses premiers poèmes. Ce nom condense la tendance consciente du poète à la morosité et à la tristesse (sentiments fréquents chez les adolescents en réaction à leurs conflits particulièrement violents à cette période de la vie) et une tendance sadique vraisemblablement inconsciente (on dit : avoir des goûts macabres).

Le thème du Juif errant a hanté Apollinaire. Une de ses nouvelles, *Le Passant de Prague*, traite de la rencontre d'un narrateur avec un personnage inquiétant qui se révèle être le Juif errant : ce dernier représente certainement la partie de la personnalité d'Apollinaire qui se croit coupable et maudite. D'autre part, ce personnage qui manque de racines (on ne sait ni qui il est, ni d'où il vient) et ne peut jamais s'arrêter pour s'intégrer dans un pays, dans un milieu social, reflète les difficultés d'identification d'Apollinaire que nous décèlerons en confrontant les textes.

L'idéal du Moi

Les personnages qui font figure d'idéal pour Apollinaire sont le plus souvent des héros suppliciés, mutilés, morcelés : Atys, saint Jean-Baptiste, le Christ, Osiris, ou menacés du fait de leurs activités : Icare, les aviateurs, les guerriers. Mais l'Idéal du Moi d'Apollinaire s'incarne essentiellement dans le héros mythique Orphée.

Orphée est le Poète, celui qui tient tous les êtres, hommes et animaux sous son charme. Il présente trois caractères essentiels : il est d'une certaine façon un enchanteur, son amour conjugal a une issue tragique et il est lui aussi mutilé :

Car Orphée amoureux fut tué par les femmes (*Mareï*) souligne Apollinaire dans deux poèmes différents[18].

Cette première étude m'a mise sur la voie de difficultés d'identité chez le poète. Je me suis alors penchée sur d'autres textes et sur la biographie d'Apollinaire.

À la recherche d'une identité

L'enfant intègre ses pulsions partielles et se constitue en tant que sujet autonome en même temps qu'à partir des objets partiels il constitue un objet total, suivant des processus psychiques qui sont : l'incorporation, pendant les premiers mois de la vie, puis l'introjection et enfin l'identification. Le garçon est confirmé dans son propre corps et dans son identité dans la mesure où il a eu un bon contact avec le premier objet, la mère, et où il peut, ensuite, s'identifier au père.

On peut supposer d'après certains indices que Madame de Kostrowitzky ne fut pas une mère chaleureuse. Elle ne reconnut Guillaume que deux mois et demi après sa naissance ; quant à son second fils, Albert, elle le reconnut lorsqu'il eut cinq ans. On sait qu'elle voyagea fréquemment, parcourant l'Europe, sans ses fils, pendant toute leur enfance. De plus, son caractère violent devait la rendre parfois effrayante. On peut voir une évocation inconsciente de la mère du poète, qui se prénommait Angélique-Alexandrine, dans l'Angélique « mécréante et maudite et faussement vivante » de *l'Enchanteur pourrissant.*

Quant au père, vraisemblablement Francesco Fluigi d'Aspermont, sa présence fut, semble-t-il, épisodique pendant la petite enfance du poète, et il rompit définitivement avec Angélique en 1885, Guillaume ayant alors cinq ans. Il ne reconnut jamais ses enfants.

[18] G. Apollinaire, « *Mareï* » (*Le Guetteur mélancolique*, ŒC Po, 514).

On décèle dans l'œuvre d'Apollinaire un certain trouble dans la formation de l'image du corps, trouble peut-être lié à une insuffisance de soins maternels dans la première enfance, ainsi qu'un intense besoin de supports ou modèles d'identification, sans doute en relation avec la carence paternelle. Le fragment de *Fiançailles* qui commence par « J'observe le repos du dimanche » nous donne l'image d'un corps dispersé dont les sens, qui permettent d'entrer en contact avec le monde extérieur et de constituer l'image de soi, fonctionnent de façon anarchique où le dedans et le dehors sont confondus :

« Le toucher monstrueux m'a pénétré m'empoisonne
Mes yeux nagent loin de moi »

Ce poème contient des images de castrations :

« Il vit décapité sa tête est le soleil
Et la lune son cou tranché ».

L'ensemble évoque un sentiment de morcellement.

Avec *Cortège*, un poème que nous citerons souvent car il est au cœur de la problématique du poète, Apollinaire nous donne une magnifique illustration de cette quête de l'identité corporelle et de l'identité spirituelle. Par les cinq sens qui lui permettent d'appréhender le monde extérieur, et les autres êtres, il cherche à se construire et à s'identifier aux ancêtres, aux hommes qui l'ont précédé, afin de conquérir son autonomie :

« Un jour je m'attendais moi-même
Je me disais Guillaume il est temps que tu viennes
Pour que je sache enfin celui-là que je suis ».

Ce besoin intense de se sentir intégré dans une lignée, cet appel à de nombreux ancêtres indiquent une angoisse profonde. En s'étayant sur l'apport culturel de ceux qui l'ont précédé, il peut se reconstruire lui-même :

« Tous ceux qui survenaient et n'étaient pas moi-même
Amenaient un à un les morceaux de moi-même
On me bâtit peu à peu comme on élève une tour ».

Pour construire son Moi, Apollinaire va d'abord s'appuyer sur la culture et sur sa mémoire qui va engranger l'apport de ceux qui l'ont précédé. Dès l'enfance, il est avide d'instruction. Apollinaire a certainement fortement investi sa mémoire ; il s'instruisit avec voracité, on sait qu'au collège Saint-Charles, à Monaco, il lui arriva d'avoir le prix d'excellence et des premiers prix dans la plupart des matières étudiées. Ces succès se renouvelèrent pendant toutes les années d'étude.

Selon les thèmes du poème *Cortège,* la personnalité d'Apollinaire doit se construire dans l'espace et dans le temps qu'il va investir comme une place forte (« une tour »).

Comment va-t-il le faire ? Jean Levaillant a montré qu'il existe chez Apollinaire une érotisation de l'espace (*GA*7, 48). Il y avait certainement aussi chez lui, une érotisation du temps, non point de l'avenir qui est vécu comme vide, mais du présent (on connaît l'avidité du poète à goûter toutes les formes nouvelles de l'art, Futurisme, Cubisme, de la science et de la technique, aviation, machines) et du passé, ce passé qui est pour lui un monde plein, sur lequel il prend appui :

« Temps passés Trépassés Les dieux qui me formâtes
Je ne vis que passant ainsi que vous passâtes
Et détournant les yeux de ce vide avenir
En moi-même je vois tout le passé grandir

Rien n'est mort que ce qui n'existe pas encore
Près du passé luisant demain est incolore
Il est informe aussi près de ce qui parfait
Présente tout ensemble et l'effort et l'effet ».

Mais ce temps sur lequel le poète veut s'appuyer est insaisissable, il fuit et se dérobe comme l'onde, la flamme ou le vent, aussi l'associe-t-il souvent à ces trois éléments. Il existe cependant deux lieux dans lesquels on peut piéger le temps : la mémoire et le poème, d'où l'immense culture qu'Apollinaire va acquérir durant toute sa vie, et la création littéraire dont l'une des motivations secrètes fut certainement le désir de saisir le temps depuis les siècles passés jusqu'à sa propre vie, reflétant ainsi le besoin de s'inventer des ancêtres et de se recréer lui-même. L'identification d'Apollinaire aux écrivains qu'il admirait a pallié, dans une certaine mesure, l'absence du père.

Si l'on examine les sources des œuvres, on remarque la fréquence des mythes, particulièrement étudiés par Jean Burgos. Ce sont des mythes d'origines et d'époques très diverses : mythes bibliques, grecs, celtes, germaniques, médiévaux. On peut voir là, de la part du poète, une recherche inconsciente de sa famille et de ses origines. La curiosité d'Apollinaire enfant, concernant son ascendance, dut être intense, car il est peu probable que sa mère lui ait expliqué clairement la vérité. Tout enfant se pose des questions concernant le mystère de la naissance, il y répond par des fantasmes, cette curiosité lui paraît coupable, il refoule la question et les réponses ou les déplace sur d'autres personnages que les parents. Freud a montré que chaque enfant invente un « roman familial » dans lequel le plus souvent il imagine qu'il est fils de roi ou de grands personnages et que ses parents ne sont que des parents nourriciers. Que font les enfants qui se trouvent devant un réel mystère ? Si la curiosité leur paraît interdite, ils peuvent la déplacer sur d'autres objets ou la reporter à des époques ancestrales, d'où l'intérêt pour les mythes qui sont « les romans familiaux » des peuples.

Quant à la création littéraire elle peut aussi utiliser ces fantasmes.

On rencontre dans l'œuvre d'Apollinaire, comme je l'ai déjà signalé, peu de thèmes œdipiens, cependant le complexe d'Œdipe, dans sa forme négative (amour pour le père et hostilité envers la mère), y est souvent visible. Par exemple, dans *Le Poète assassiné*, on constate une inversion de la situation familiale d'Apollinaire, celui-ci, enfant sans père, vivait à Monaco avec sa mère ; Croniamantal, au contraire, perd sa mère, peu après sa naissance, et il va vivre à Monaco avec son père.

Le complexe d'Œdipe a toujours deux faces et chez tout être humain existe une certaine homosexualité qui peut être refoulée ou sublimée. Si elle est refoulée, on pourra la voir reparaître sous des symptômes névrotiques ou psychotiques. Ainsi chez Apollinaire la jalousie sans motifs qu'il manifesta vis-à-vis d'Annie Playden peut être interprétée dans ce sens ; mais il reconnut d'ailleurs lui-même le caractère illusoire de cette jalousie. Il semble qu'en général son homosexualité inconsciente ait été bien sublimée dans la vie sociale : dès le collège il eut de bonnes relations avec ses camarades comme avec ses professeurs. Plus tard il eut des amis fidèles et se montra lui-même un excellent ami. On peut remarquer, dans les *Poèmes à Lou*, que s'il adresse des reproches à la femme aimée, en revanche il se montre indulgent et complice envers son rival Toutou ; il semble envisager favorablement une situation qu'on peut qualifier de triangulaire :

« Lou et Gui et vous Toutou faut que vous voyez tous trois
De merveilleux rivages » (Scène nocturne du 22 avril 1915).

Les vers suivants n'évoquent-ils pas la situation d'un enfant devant le couple parental ?

« Lou Toutou soyez remerciés
Puisque par votre amour je ne suis pas seul
Et je nais de chacune de vos étreintes
Pensée vivante qui jaillit de vous
Lou Toutou je suis votre petit enfant » (*Ode*).

On sait que, pendant la guerre, Apollinaire s'adapta fort bien au monde sans femmes de l'armée ; il fut accepté comme un camarade par les soldats pour la plupart plus jeunes que lui, il a décrit avec enthousiasme cette fraternité virile.

Tout cela contraste avec les difficultés qu'il rencontra dans ses relations avec les femmes.

En ce qui concerne la genèse de ces comportements opposés, on peut attribuer un rôle à deux facteurs : d'une part l'absence du père (sut-il même, autrement qu'intuitivement, qui était son père ?), puis sa disparition lorsque Guillaume eut cinq ans (tout enfant qui perd son père ou est abandonné par celui-ci se croit responsable de sa disparition en raison de ses sentiments de rivalité envers lui), d'autre part l'angoisse devant la relation duelle avec la mère en raison de fortes pulsions prégénitales. En faveur d'une culpabilité œdipienne on peut retenir le fait qu'au moment où Apollinaire semblait enfin avoir établi une bonne relation avec une femme, Madeleine Pagès (il s'était même fait accepter comme fiancé), la blessure qu'il reçut à la tête fut ressentie comme une castration, châtiment de son projet de mariage. Cette explication permet de comprendre le changement de caractère du poète après sa blessure et sa rupture avec sa fiancée que rien ne faisait présager. Ces quelques lignes qu'il adressa à Madeleine : « *Je ne suis plus ce que j'étais à aucun point de vue et si je m'écoutais je me ferais prêtre ou religieux* » (*ŒC*, IV, 665), confirment notre hypothèse. On doit se souvenir, à cette occasion, qu'Apollinaire eut, semble-t-il, un oncle religieux et de nombreux prêtres pour professeurs ; ce dernier billet témoigne d'un désir de leur être fidèle en les imitant et de ne pas rivaliser avec son père.

On peut définir la personnalité inconsciente d'Apollinaire comme appartenant au type décrit sous le nom de phallique-narcissique. Les sujets de ce groupe éprouvent une crainte intense d'atteinte de leur intégrité corporelle et narcissique, une angoisse de castration qu'ils essaient de nier en devenant, en quelque sorte, des adorateurs du phallus. On peut noter dans ce sens la fréquence des allusions à Hermès. Rappelons que dans l'antiquité grecque, les hermès placés aux carrefours étaient à l'origine des bornes phalliques. Un texte est particulièrement significatif, *L'Infirme divinisé* : un homme qui a subi diverses mutilations et n'a plus qu'une moitié de son corps finit par être considéré comme un dieu. Une lecture attentive du texte permet d'apercevoir que cette moitié d'homme divinisée représente un phallus. Dans *Le Poète assassiné*, on plante un laurier sur la tombe de Croniamantal. Dans *L'Enchanteur pourrissant* le corps de Merlin est enfermé dans le sarcophage, mais on vient l'admirer de toutes parts ; c'est déjà le thème de *L'Infirme divinisé*.

Ces thèmes de morcellement et la régression profonde constatée à travers certains textes pourraient faire penser à la possibilité d'une régression psychotique ; on sait qu'Apollinaire se plaignait d'une tendance à la tristesse. Ainsi les allusions à l'automne « malade et adoré », saison de la dépression et de la mélancolie, sont nombreuses ; dans ces vers, par exemple, extraits de *Signe* (*Alcools*) :

« Je suis soumis au Chef du Signe de l'Automne
Mon Automne éternelle ô ma saison mentale »

vers repris du poème *L'Automne et l'écho* (*Le Guetteur mélancolique*). Dans le poème *Dans l'abri-caverne* (*Calligrammes*), Apollinaire nous donne une description exacte d'un état dépressif :

« Moi j'ai le soir une âme qui s'est creusée qui est vide
On dirait qu'on y tombe sans cesse et sans trouver de fond
(...)
Dans ce grand vide de mon âme il manque un soleil il manque ce qui éclaire ».

Mais le poète lui-même nous rassure, il sait que ces états sont temporaires :

« C'est aujourd'hui c'est un soir et non toujours
Heureusement que ce n'est que le soir ».

Ce serait une erreur d'interpréter, dans une œuvre littéraire, des thèmes ou des réseaux témoignant d'une régression comme des signes de névrose ou de psychose. Le Moi de l'artiste jouit d'une souplesse, d'une flexibilité particulière qui lui permet de régresser, de saisir les fantasmes répondant à des stades archaïques de l'organisation de sa personnalité, puis de les intégrer dans une œuvre hautement élaborée[19].

La fonction créatrice, enfin, a été salvatrice pour Apollinaire. Elle lui a permis de résoudre ses conflits en se sentant accepté par les lecteurs.

---

[19] P. Luquet, dans son article « Ouverture sur l'artiste et le psychanalyste : la fonction esthétique du Moi » (*Revue française de psychanalyse*, 1953, N°6, 585-618), donne une étude psychanalytique de ce problème.

L'image même du Moi d'Apollinaire, paralysé, pris entre les pulsions du Ça et les exigences du Surmoi, dépassant ce conflit par la création littéraire, est déjà présente dans *L'Enchanteur pourrissant.* En effet, Merlin pourrit dans son sarcophage, mais son âme reste vivante, et une foule d'animaux, d'êtres mythiques, de personnages historiques viennent autour de son tombeau l'interroger. La voix de l'Enchanteur mort dit à sa vieille amie la fée Morgane : « Proclame ma renommée car tu sais que je suis un enchanteur prophétique. De longtemps, la terre ne portera plus d'enchanteur mais les temps des enchanteurs reviendront ».

Dans *Le Poète assassiné,* les poètes du monde entier sont persécutés à l'instigation d'un savant, Horace Tograth ; ils sont emprisonnés, lynchés, exécutés. L'un d'eux, Croniamantal, prend leur défense devant une foule haineuse. Il dit : « Je suis Croniamantal; le plus grand des poètes vivants. J'ai souvent vu Dieu face à face ». Il est massacré par la foule comme Orphée tué par les Bacchantes. Mais le « laurier des poètes » jaillira de sa statue en creux.

On peut penser qu'Apollinaire s'est construit dans la création et par cette création même. Nous avons vu, dans le poème *Cortège*, comment le poète veut étayer sa personnalité sur ses ancêtres. Il se constitue en les faisant revivre :

« Il me suffit de tout cela pour me croire le droit
De ressusciter les autres »

Il sent que dans l'œuvre il pourra durer au-delà de la mort :

« Et moi aussi de près je suis sombre et terne
....
Et je m'éloignerai m'illuminant au milieu d'Ombres
Et d'alignements d'yeux des astres bien-aimés ».

Plus tard, Apollinaire compare les poètes aux voyants, aux magiciens, dans *Les Collines* (*Calligrammes*) :

« Je dis ce qu'est au vrai la vie
Seul je pouvais changer ainsi
Mes chants tombent comme des graines

Taisez-vous tous vous qui chantez
Ne mêlez pas l'ivraie au blé ».

En lisant Apollinaire, on sent à quel point il avait un profond besoin d'être aimé et reconnu par ses proches et par la postérité. Ses biographes et ses exégètes l'ont compris. J'ai sans doute, moi aussi, répondu à ce vœu en décidant de poursuivre mon étude comme on va le voir dans les chapitres suivants.

CHAPITRE II

Thèmes et variations d'un roman familial

Tous les enfants sont curieux, sauf ceux qui souffrent d'une inhibition de la curiosité et, dans ce cas, ne comprennent rien de ce qu'on veut leur apprendre à l'école.

D'où venons-nous ? Qui sommes nous ? sont les premières questions que se posent les enfants, comme l'ont fait, sans doute, les premiers hommes.

La question des origines et celle de l'identité sont fondamentales pour la structuration du psychisme humain et la curiosité en est la base. La pulsion épistémophilique ou désir de savoir est à la source du fonctionnement intellectuel comme de tous les apprentissages et de toutes les découverte. Ce désir de connaissance débouchera sur la recherche scientifique et sur la métaphysique.

Le jeune enfant, dès dix-huit mois, pose la question de la différence des sexes et comprend rapidement cette différence, ce qui lui permet d'intégrer son identité sexuelle. Peu après il demande : « d'où viennent les bébés ? ». La question de son origine personnelle débouchera, plus tard, sur les grandes interrogations sur l'origine de l'homme.

L'enfant, même lorsque les parents ont répondu à sa curiosité, invente des théories sexuelles que Freud a répertoriées. Ce travail de l'imagination favorise le développement de l'intelligence et de la créativité.

Une maman avait expliqué, très tôt, à sa fillette, d'où venaient les bébés. L'enfant, un jour, en rentrant de l'école, interrogea sa mère d'un air soupçonneux :

« - Tu m'avais dit que les bébés naissent du ventre des mamans ?

- Oui. - C'est bien vrai ? - Oui, c'est vrai ».

Alors l'enfant, avec le même air soupçonneux, s'écrie :» Eh bien, on m'a dit qu'ils naissent dans les choux et dans les roses! ».

Une autre fillette qui ne voulait pas avoir de petit frère est allée, une nuit, couper tous les choux du jardin de son grand-père.

Chaque enfant imagine un roman familial. Il pense qu'il vit dans une famille adoptive et que ses véritables parents sont de grands personnages qui sont morts ou l'ont abandonné.

Il est bénéfique d'encourager le fonctionnement de la curiosité et de l'imagination.

Dans la famille d'Apollinaire il y avait vraiment un secret, peut-être même plusieurs secrets. Ceci dut développer chez l'enfant la curiosité ainsi que le désir d'avoir des secrets lui aussi par rétorsion. De là peut naître le besoin de se cacher, de se travestir, de se masquer. Aussi allons-nous étudier les thèmes du secret, du masque, du travestissement dans les œuvres d'Apollinaire. Le mot masque sera pris dans un sens très large, désignant tout ce qui sert à cacher et à montrer en même temps : montrer un aspect pour en cacher un autre, cacher un secret ou un vide.

Le secret

Le secret, clé essentielle de Guillaume Apollinaire, se rencontre sur deux plans : celui de la biographie et celui des textes, ceux-ci n'étant pas un simple reflet de celle-là. La façon dont le secret est exploité, ses différents avatars destinés à cacher et à montrer à la fois excitent notre curiosité et notre intérêt. Le théâtre, le masque, le double, l'ombre sont au nombre de ces avatars dans l'œuvre d'Apollinaire.

Le roman familial

Comme nous l'avons dit, tout enfant imagine, selon Freud, un « roman familial », une histoire mythique de sa famille et de son origine. Cette histoire fantasmatique est vraisemblablement à l'origine de la vocation des romanciers. Ceux-ci vont poursuivre une activité psychique narcissique, dans le registre de la toute-puissance des fantasmes enfantins, que les autres sujets abandonnent[20]. Chez les romanciers dont j'ai étudié l'œuvre ou que j'ai rencontrés, j'ai vérifié souvent le bien-fondé de cette thèse.

Dans le cas de Guillaume Apollinaire, une énigme familiale existait sur le plan de la réalité. Il est probable que le poète a longtemps ignoré qui était son père. Peut-être a-t-il vu ce père quelquefois dans sa petite enfance, puis celui-ci a disparu. Ce mystère a dû servir de support aux fantasmes de l'enfant. Il semble que l'élaboration du roman familial, qui s'arrête généralement vers la dixième année, ait continué chez Apollinaire puisque, devenu adulte, il s'attribuait volontiers des ancêtres prestigieux.

Giovanni Moroni

Je prendrai pour point de départ de mon étude *Giovanni Moroni*, un des récits en prose d'Apollinaire. Ce texte appartient au cycle du *Poète assassiné*, dont Michel Décaudin a souligné le double registre, biographique et imaginaire.

Dans ce récit un narrateur adulte raconte à un ami quelques épisodes de sa petite enfance. Il vivait à Bergame avec son père, Giuseppe, et sa mère, Attilia. Celle-ci l'emmenait avec elle en promenade et parfois à des rendez-vous galants. Lorsque Attilia

---

[20] Cf. Marthe Robert, *Roman des origines et origines du roman*, Paris, Gallimard, 1972

arrivait en retard à la maison, son mari la battait ; ces scènes inquiétaient l'enfant, mais les parents se montraient affectueux et chaleureux avec lui.

Le père de Giovanni, Beppo (diminutif de Giuseppe), est menuisier[21], il fabrique des jouets de bois et il en donne quelques-uns à l'enfant. Pendant les fêtes de Noël il l'amène avec lui sur la place Navone, dans une petite baraque, où il a le droit, pendant une semaine, d'écouler ses jouets. Lorsque Giovanni a sept ans, son père essaie de lui apprendre à lire. L'enfant préfère jouer qu'étudier et déjà des activités créatrices apparaissent chez lui. Il donne des noms à ses jouets ainsi qu'à toutes les choses qui le frappent. Il est heureux dans cette famille malgré les scènes de ménage qui surviennent souvent entre les parents. Un jour, ce bonheur cesse. Un messager arrive avec une lettre ; après l'avoir lue, les deux parents se mettent à pleurer. Quelques jours plus tard, le père part avec l'enfant en chemin de fer. Pendant le voyage on fait une halte à Turin. L'enfant réclame sa mère, le père essaie de le consoler en l'emmenant voir un spectacle de marionnettes. On voit là encore une situation inverse de celle d'Apollinaire qui vivait près de sa mère et désirait sans doute avoir un père comme ses camarades Deux thèmes sont essentiels : le secret et le masque. On apprend, au cours du récit, que ceux qu'on croyait être les parents de l'enfant sont seulement ses parents nourriciers. À la suite de l'arrivée d'un mystérieux visiteur, Giuseppe emmène l'enfant en voyage puis le laisse à quelqu'un et part. Giovanni comprend qu'il ne verra plus jamais ceux qui l'ont élevé. À la lecture de cette nouvelle, notre imagination est interpellée ; nous pouvons nous demander si l'enfant va être rendu à ses vrais parents, si on va lui révéler sa véritable identité qu'il ignorait, comme Apollinaire, et pourquoi cela survient à ce moment-là, car, curieusement, cet événement succède à l'apparition de « masques », au cours d'une soirée de carnaval.

---

[21] Pierre Caizergues a montré que la famille de Giovanni Moroni est une Sainte-Famille dérisoire. Nous reviendrons ultérieurement sur ce point.

Ceux-ci déposent chez les parents de Giovanni un homme masqué qu'ils prétendent ivre ; lorsqu'on lui enlève son masque, on découvre qu'il est mort et a les yeux crevés. Il a subi ce supplice parce qu'une femme, dit un billet trouvé sur lui, l'aimait pour ses yeux bleus. On peut se demander si l'enfant quitte ses parents nourriciers en raison de cet événement, ou s'il s'agit d'une simple coïncidence. Apollinaire n'a pas placé là ces deux thèmes par hasard, on peut y déceler son identification à un héros masqué et mutilé qui serait son père, tué par un rival jaloux. C'est une des multiples versions possibles du drame œdipien, l'agressivité est ainsi dévolue au rival ayant tué cet homme. Ce crime permettrait à l'enfant de rester seul avec sa mère.

Il est intéressant de voir, sur le plan du travail du texte, que cette nouvelle constitue un roman familial et que, là encore, le secret de l'identité des parents réels du héros est central.

J'ai souligné dans l'étude psychocritique d'Apollinaire que les thèmes œdipiens sont relativement rares chez ce poète. Toutefois, ils sont au centre du *Poète assassiné* qui est l'un des textes autobiographiques de l'écrivain, Dans ce texte, lorsque l'enfant naît, sa mère meurt et il reste seul avec son père adoptif. On peut voir là une version de l'Œdipe négatif ; alors que dans *Giovanni Moroni*, l'homme tué par un rival a les yeux crevés comme Œdipe.

J'ai noté également la fréquence des thèmes préœdipiens, c'est-à-dire liés aux stades prégénitaux de la libido : narcissisme, stade oral et stade sadique-anal. Or, *Giovanni Moroni* illustre l'évolution de ces stades. L'oralité revient de façon insistante, sous le thème des sucreries que la mère, Attilia, donne à l'enfant, en particulier lorsqu'elle a des rendez-vous avec des hommes, pour qu'il ne dise rien au père. Quant au stade sadique-anal, il apparaît dans l'épisode du supplice des cafards que la mère et l'enfant ébouillantent, et il connote le fantasme de la scène primitive (les parents nourriciers se battent parfois sauvagement et l'assassinat du masque est empreint d'un grand sadisme).

On peut voir dans *Giovanni Moroni* une véritable illustration des *Trois essais sur la théorie de la sexualité* de Freud. En effet, lorsque l'enfant s'interroge sur la sexualité des parents, la mère le pousse toujours à une régression orale ; cependant il parcourt tous les stades de l'évolution psychique jusqu'au stade phallique où il rencontre l'angoisse de castration, le déplacement de la castration s'opérant sur les yeux, comme dans *Œdipe-Roi*. Ensuite l'enfant arrive à la phase de latence où l'attrait pour les études vient prendre la place de la curiosité vis-à-vis de la sexualité. Dans une séquence de l'œuvre, le père veut apprendre à lire à l'enfant, mais celui-ci préfère jouer :

« À cette époque, j'avais sept ans. Mon père essayait de m'apprendre à épeler. Mais je ne goûtais pas ses leçons et préférais jouer à la mourre tout seul, ce qui est difficile, mais possible ».

Apollinaire fait, malicieusement, allusion à des jeux solitaires de l'enfant, puisque le jeu de la mourre ne peut se jouer seul[22]. Le poète nomme à plusieurs reprises dans son œuvre ce jeu qu'il a dû voir, dans son enfance, pratiquer dans les rues populaires de Rome.

Le petit Giovanni entre donc dans la phase de latence au cours de laquelle les processus de sublimation des pulsions s'établissent. Or, si les études ne semblent pas l'intéresser beaucoup, on voit apparaître deux types de sublimation, d'une part un intérêt pour la religion : « Lorsque je ne jouais pas à la mourre, il m'arrivait de dire la messe, une chaise devenait l'autel que je parais de petits candélabres, ciboires, ostensoirs de plomb que m'avait apportés la Béfana », d'autre part, un jeu avec son pantin Maldino dans lequel apparaît, semble-t-il, l'activité poétique. En effet, l'enfant aime nommer les choses. Il donne d'abord un nom à son pantin :

---

[22] D'après le *dictionnaire Robert*, « Anciennement, jeu de hasard dans lequel deux personnes montrent rapidement et simultanément un certain nombre de doigts dressés en criant un chiffre pouvant exprimer ce nombre (celui qui donne le chiffre juste gagne)", suit, à l'appui, un vers d'Apollinaire : « La mourre jeu du nombre illusoire des doigts ».

« Je ne sais pourquoi je l'avais appelé Maldino. Je forgeais des noms pour toutes les choses qui me frappaient. Une fois, je vis un poisson sur la table de la cuisine. J'y pensai longtemps, me le désignant sous le nom de Bionoulor[23].

On reconnaît là l'activité démiurgique du poète qui, en attribuant des noms aux objets, va leur donner une vie illusoire mais durable. Toutes ces séquences sont intéressantes, sur le plan de la psychologie, car le pantin Maldino joue pour Giovanni le rôle d'un objet transitionnel[24] :

« Ce personnage tenait une grande place dans ma vie. C'était un pantin peint en vert, en jaune, en bleu et en rouge. Je l'aimais plus qu'aucun autre de mes joujoux, parce que je l'avais vu tailler par mon père nourricier. »

L'objet transitionnel représente classiquement un intermédiaire entre la mère et l'enfant ; ici, au contraire, il est en relation avec le père nourricier, le père artisan, comme si Giovanni avait besoin de conforter sa relation avec le père.

Double, masque, théâtre

Je relève dans *Giovanni Moroni* trois thèmes essentiels qui entrent dans la problématique du secret :

- le double,
- le masque,
- le théâtre.

Ces thèmes appartiennent également à la catégorie de l'illusion.

---

[23] Le poète Pierre Albert-Birot fut encouragé à écrire par Guillaume Apollinaire. Le nom du héros de son roman, *Grabinoulor*, serait-il un hommage rendu à son aîné ?

[24] Selon le psychanalyste anglais D. W. Winnicott, l'objet transitionnel est cet objet, morceau de tissu, pelote de laine, jouet, dont le petit enfant ne peut pas se passer pour s'endormir.

Le double

Le double est introduit dès la dédicace du récit par deux personnages, Serge Jastrebzoff et Édouard Féret, qui ne sont en réalité qu'une seule et même personne : Édouard Jastrebzoff, ami d'Apollinaire, avait pris pour pseudonyme Serge Férat. Au séminaire Apollinaire consacré à ce conte, Pierre Caizergues a suggéré qu'à travers la dédicace de *Giovanni Moroni* s'instaure la problématique apollinarienne du double, par le biais des masques, le pseudonyme jouant ici la fonction d'un masque ; et il a rappelé que le noyau de *Giovanni Moroni* est une nouvelle intitulée *Le Masque*, parue pour la première fois dans le *Journal de Salonique*[25].

Le masque

Le masque est un thème central dans *Giovanni Moroni*, il sert, dans ce texte, à dissimuler le visage du personnage assassiné et à cacher qu'il est mort.

Les thèmes *cacher* et *montrer* jalonnent la nouvelle. Par exemple, les robes des moines servent tantôt à cacher leur virilité et tantôt à la montrer ; ainsi le moine cartomancien consulté par Attilia laisse sa robe entrouverte afin de dévoiler sa nudité.

Le vêtement sert d'ailleurs souvent chez Apollinaire à cacher et à montrer alternativement. Dans la scène de ménage entre les parents de Giovanni, le corsage d'Attilia craque sous les coups de pied du père et laisse apparaître les seins. Les quatre hommes qui amènent le cadavre de l'homme masqué dans la maison des Moroni sont travestis. Le travestissement sert à exhiber les personnages, en attirant l'attention sur eux, mais aussi à cacher leur vraie personnalité. Ce thème du travestissement est fréquent dans l'œuvre d'Apollinaire.

Dans le *Roi-Lune*, un conte précédant *Giovanni Moroni*, le roi Louis II de Bavière a le visage nu mais il exige que ceux qui

---

[25] P. Caizergues, Séminaire Apollinaire, décembre 1979.

l'approchent portent un masque. Lorsqu'il s'aperçoit que le narrateur n'est pas masqué, il entre dans une violente colère et ordonne qu'on le châtre ; le masque a donc, pour Apollinaire, une relation, au moins inconsciente, avec la sexualité.

Le théâtre

Le théâtre est important dans les œuvres de Guillaume Apollinaire. Il a écrit des pièces et il s'est intéressé au cinéma et aux arts du spectacle (cirque, music-hall, marionnettes).

Le théâtre peut, dans une certaine mesure, être comparé au masque, au vêtement, au travestissement. Dans le cadre même du théâtre, le rideau se lève pour montrer un spectacle comme les vêtements s'écartent pour dévoiler le corps, mais le spectacle est du domaine de l'illusion ; les fantasmes vont y prendre le pas sur la réalité. Il y a dans le théâtre tout un système d'écrans : d'abord le rideau, qui tour à tour cache et révèle la scène, puis le décor qui sépare des coulisses ; celles-ci sont lieu du mystère, lieu de la scène primitive (dans le théâtre classique toutes les scènes violentes, les meurtres, se passaient dans les coulisses)[26].

Giovanni Moroni assiste à un spectacle de marionnettes pour la première fois de sa vie, dit-il. Il est aux anges pendant la représentation. Apollinaire a certainement assisté à des spectacles de marionnettes et y a pris plaisir. Toutefois, Michel Décaudin, dans ses notes relatives à Giovanni Moroni, rappelle que Guillaume Apollinaire conta dans une lettre de 1918 à Giuseppe Raimondi que la première grande frayeur dont il se souvienne est liée à une parade de foire. Il avait alors quatre ou cinq ans, et refusa d'entrer avec sa mère et son petit frère dans la salle, tellement les Paillasses lui faisaient peur. Le goût des marionnettes a dû être plus tardif.

On retrouve tous ces thèmes dans le théâtre d'Apollinaire. Toutefois, avant d'en finir avec *Giovanni Moroni*, interrogeons-

---

[26] A. Green , *Un œil en trop ou le complexe d'Œdipe dans la tragédie*, Paris, Editions de Minuit, 1992.

nous sur le nom du personnage. André Rouveyre a voulu y voir un jeu de mots : « *mort au nid* », soulignant ainsi que le héros semble n'avoir rien à dire sur son enfance, comme il est dit à la fin du récit. On peut émettre d'autres hypothèses. Apollinaire a-t-il emprunté pour son héros le nom de Giovanni Battista Moroni, peintre italien né à Albino, province de Bergame, vers 1520, et qui travailla beaucoup pour les églises de Bergame ? Ce peintre est renommé surtout pour la qualité et la sobriété de ses portraits. Y aurait-il dans sa biographie un épisode qui le rapprocherait d'Apollinaire ? Ou bien la ville de Bergame étant connue pour ses fêtes du carnaval et ses spectacles, en particulier les théâtres de marionnettes, y aurait-il un rapprochement à faire entre le nom du héros et deux thèmes du récit : les masques et les marionnettes ?

On peut voir également dans ce nom un rappel de l'ange Moroni qui révéla à Joseph Smith, fondateur de la secte des Mormons, « l'endroit où se trouvaient cachées depuis le cinquième siècle des plaques d'or qui portaient en caractères mystérieux les lois destinées à sauver le monde. »

Michel Décaudin, dans ses notes sur *La Femme assise*[27], écrit que ce dernier texte est postérieur à *Giovanni Moroni* ; mais Apollinaire possédait dans sa bibliothèque plusieurs ouvrages sur les Mormons, ainsi que l'a signalé Claude Debon[28]. Il a pu lire ces livres bien avant d'écrire *Giovanni Moroni*. L'ange Moroni pourrait être la préfiguration du poète que sera un jour le petit Giovanni ; ce dernier n'aura plus rien à dire sur son enfance, mais il aura beaucoup à inventer, beaucoup à créer et les mystérieux caractères sur les plaques d'or représentent peut-être, symboliquement, la création poétique.

---

[27] M. Décaudin, *La Femme assise*, in *Œuvres en prose*, tome I, textes établis, présentés et annotés par Michel Décaudin, Bibliothèque de la Pléiade, Paris, Gallimard, 1977.

[28] C. Debon-Tournadre, *Guillaume Apollinaire après Alcools*, Thèse pour le doctorat-ès-lettres, sous la direction de Marie-Jeanne Durry, Université de Paris-Sorbonne, 1978, Paris, Lettres Modernes, 1981.

Le travestissement

Considérons d'abord le théâtre d'Apollinaire. Si l'on retrouve dans ce théâtre presque tous les thèmes précédents, le travestissement est un des motifs essentiels.

Dès les pièces écrites avec André Salmon, on voit apparaître ce thème. Ainsi dans *Le Marchand d'anchois*, que les deux auteurs semblent avoir écrit en 1906, le patron Jonas et ses employés, pour aller à Paris lancer le produit créé par Jonas, vont se déguiser en animaux. Alma, l'un des personnages féminins, propose cette idée et tous reprennent en chœur :

« En bêt' métamorphosons-nous,
on n'nous r'connaîtra plus du tout ! »

Le travestissement en animaux de ménagerie est exceptionnel dans l'œuvre d'Apollinaire. On peut y voir une représentation symbolique des pulsions puisque les Norvégiens vont aller à Paris faire la fête sous couleur de faire de la publicité. Mais il s'agissait probablement, pour les auteurs, de parodier la pièce d'Edmond Rostand, *Chanteclerc* (1910).

Dans une autre pièce écrite avec André Salmon, *Jean-Jacques*, on trouve un des procédés d'emboîtement chers à Apollinaire et dont Michel Décaudin a montré l'importance dans les textes du *Poète Assassiné*. Cette pièce de théâtre met en scène Jean-Jacques Rousseau et l'on y parle beaucoup de la pièce de ce dernier : *Le Devin de Village*.

Dans *Les Mamelles de Tirésias*, il n'y a plus seulement travestissement mais véritable métamorphose, changement de sexe. Dans *Casanova*, la dernière pièce d'Apollinaire achevée en août 1918, le thème du travestissement est exploité au maximum. Dans ces deux pièces, le travestissement est lié à l'ambiguïté sexuelle.

Dans les contes d'Apollinaire, dans ses récits en prose, on peut trouver encore bien des exemples de travestissement. Ainsi dans *Les Epingles*, un homme se déguise en femme pour pouvoir accompagner ses amies chez une cartomancienne qui ne reçoit pas les hommes[29].

Dans *La Femme assise*, Apollinaire déplore qu'en 1914 il n'y ait pas un artiste capable d'inventer des travestissements :

« Pour créer de nouveaux masques il aurait fallu un nouveau Gavarni. Son chef-d'œuvre fut le Débardeur, qui est surtout un travesti féminin délicieusement équivoque ».

On trouve encore dans *La Femme assise* une allusion aux déguisements ambigus :

« (...) mon diable de neveu est venu de votre part me rappeler cette jolie fille mutine, aux cheveux ébouriffés qui, lorsque vêtue en matelot, elle passait sur la place de l'Union, fit tant d'impression sur les Saints-du-dernier-jour ».

Dans ses poèmes même, Apollinaire témoigne de son goût pour les femmes portant des déguisements masculins. Ainsi dans *Arbre* (*Calligrammes*) : « *Tu t'es promené à Leipzig avec une femme mince déguisée en homme* ».

Le masque

Le masque lui aussi entre dans la catégorie du travestissement; il apparaît souvent dans l'œuvre d'Apollinaire, par exemple dans *La Chasse à l'aigle, le Cas du Brigadier masqué c'est-à-dire le poète ressuscité, La femme blanche des Hohenzollern.*

Transformation-métamorphose

Les exemples sont nombreux, citons seulement *Le Traitement thyroïdien* où il s'agit d'une transformation corporelle liée à l'absorption d'un médicament, et *la Disparition d'Honoré Subrac* où un personnage arrive à se

---

[29] Raymond Queneau aimait beaucoup les oeuvres d'Apollinaire et il s'est probablement inspiré de ce texte lorsque, dans *Le Dimanche de la vie*, Valentin Bru se déguise en femme pour remplacer son épouse cartomancienne pendant une maladie de celle-ci.

rendre invisible, Apollinaire a noté un projet de récit : « Histoire de mimétisme », (l'homme Protée) se changeant en tout pour se défendre. Il est vertueux, une femme l'aime, il a peur d'être tenté et ayant peur de l'enfer, se change en enfer qui engloutit la femme.

Enfin, dans *Les Souvenirs bavards*, on voit apparaître le thème d'une transformation illusoire : un ventriloque imite les voix de divers personnages, et le narrateur entendant ces voix à travers la cloison de sa chambre les attribue à des personnes réelles.

Une identité incertaine

Les thèmes du double, du travestissement, voire du théâtre nous orientent sur le plan psychologique vers les difficultés d'Apollinaire concernant son identité familiale et son identité sexuelle.

L'identité familiale

Apollinaire souffrit certainement beaucoup de son statut de bâtard, sur le plan narcissique, et également en raison des séparations que cela entraîna. Ainsi, confié vraisemblablement à une famille nourricière dans laquelle il trouva peut-être un climat chaleureux, il en fut séparé lorsque sa mère le reprit ; cette épreuve est transposée dans *Giovanni Moroni.* Puis l'enfant dut se poser des questions sur l'identité de son père. En pareil cas, un enfant craint souvent d'être le fils d'un délinquant, ce qui l'angoisse ; il imagine alors, dans un deuxième temps, qu'il est, au contraire, le fils d'un personnage prestigieux. L'humour, voire la dérision, permettent aussi de dépasser la souffrance liée à la bâtardise. On peut expliquer ainsi la manière parodique dont Apollinaire traite les éléments biographiques dans *Le Poète assassiné.*

Dans *Giovanni Moroni,* l'enfant est élevé par une famille nourricière où le père boit et la mère, Attilia, loin d'être vierge, a des aventures multiples. Ce thème de Sainte-Famille inversée a été relevé par Jean Burgos dans *L'Enchanteur pourrissant.*

On rencontre souvent ce thème de la Sainte-Famille chez des sujets qui refusent d'accepter que leurs parents aient une vie sexuelle. Ainsi, un enfant vivant dans un pays du Moyen-Orient avait trouvé un jour dans la boîte à lettres de ses parents une brochure de propagande des missions catholiques. Étant juif, il n'avait jamais entendu parler de Sainte-Famille. Lorsqu'il lut le texte relatif à Joseph, la Vierge et l'enfant Jésus, il fut fasciné : des parents avaient pu avoir un enfant sans coucher ensemble, c'était merveilleux ! Ce thème est parfois utilisé par des sujets ou par des écrivains pour créer un roman familial prestigieux dans lequel ils sont fils d'un héros mythique. Les sujets souffrant de carence paternelle font, fréquemment, appel à des figures d'identification mythiques. Ce fut le cas d'Apollinaire qui choisit dès l'âge de 19 ans de s'identifier à l'Enchanteur Merlin, fils d'une femme et d'un diable. Mais la Sainte-Famille de *Giovanni Moroni* n'est pas démoniaque. Elle est plutôt dérisoire, on pourrait dire une Sainte-Famille de cirque parce qu'elle est décrite avec des côtés pitoyables mais de façon chaleureuse, elle est émouvante comme le sont les clowns. Ce récit touche parce qu'on y sent une infinie tendresse envers les parents et particulièrement le père.

On peut formuler l'hypothèse suivante : pendant les premières années de sa vie, Apollinaire a dû avoir un bon père nourricier, peut-être un artisan, qui faisait des jouets pour l'enfant. L'enfant a pu s'appuyer sur cette figure paternelle ce qui lui a évité des troubles psychiques graves. Puis le petit Guillaume a dû être arraché à cette famille pour suivre sa mère et son frère à Monaco. L'écrivain décrit les sentiments éprouvés, sa tristesse, en les attribuant au petit Giovanni. Ensuite, pendant quelques années, Guillaume et son jeune frère Albert ont été élevés par leur mère seule. Celle-ci a certainement eu un grand mérite comme le soulignent les rapports de la police de Monaco étudiés par Jean-Jacques Varagnat. Il y est dit que la mère d'Apollinaire, Olga

Kostrowitzky, s'est disputée avec une autre « fille galante », elle « a un caractère détestablement violent et hautain, est une bonne et excellente mère. Elle a deux fils très intelligents (...) et elle s'impose des privations pour leur donner une instruction soignée. Ils sont actuellement au collège de Cannes depuis la fermeture du Collège Saint-Charles de Monaco. Elle est criblée de dettes »[30].

Angelica, qui s'était attribuée le prénom d'Olga, avait un rôle difficile à jouer puisqu'elle devait servir à la fois de père et de mère à ses enfants. Plus tard, son compagnon Jules Weil, permit à ceux-ci de trouver au foyer sinon un modèle paternel (il avait seulement onze ans de plus que Guillaume), du moins l'image d'un grand frère.

L'identité sexuelle

Tout être humain a une bisexualité psychique, puisqu'il s'identifie au départ à ses deux parents ; la bonne intégration de la bisexualité permet à chacun de pouvoir comprendre les sujets de l'autre sexe et, dans le cas des écrivains, de s'identifier aux deux parents créant un enfant. Lorsqu'il y a un conflit entre les « imagos » (images inconscientes) des deux parents ou si l'une d'elles est trop faible et l'autre trop prévalante, il peut s'ensuivre des difficultés d'identification.

On décèle assez souvent, dans les textes d'Apollinaire, une ambiguïté sexuelle, une incertitude concernant la différence des sexes, comme nous l'avons déjà vu dans son goût manifeste pour les travestissements ambigus.

Souvent, dans les œuvres du poète, la femme paraît la plus forte : dans *L'Enchanteur pourrissant*, une fée réussit à obtenir les secrets de Merlin et à le garder captif. Dans *Giovanni Moroni*, le nom de la mère, Attilia, est celui d'une sainte martyre qui devient, si on enlève la lettre i, Attila, le nom d'un

---

[30] J.-J. Varagnat, *Apollinaire en Principauté,* « Annales monégasques. Revue d'histoire de Monaco ». Publications des Archives du Palais princier, n 4, 1980, 145-184.

guerrier redoutable. Dans *Le Poète assassiné*, le nom de la mère, Macarée, évoque à la fois la force et la notion d'un contenant pour l'enfant. Toutefois dans ce texte, Macarée meurt après l'accouchement, comme si l'enfant pouvait être la cause de sa mort. Dans quelques textes, la femme est victime d'un homme sadique. Il y a donc une grande ambivalence vis-à-vis de l'image maternelle.

Les garçons peuvent attribuer à leur mère une toute-puissance du fait qu'elle porte les enfants et les met au monde. Dans *Les Mamelles de Tirésias*, le désir de prendre le pouvoir de la mère, symbolisé par les seins et la grossesse, est visible.

Tous les créateurs ont un fantasme d'auto-engendrement, selon Anton Ehrenzweig[31]. Ils désireraient s'engendrer eux-mêmes, en faisant une œuvre. Chez Apollinaire, ce fantasme est d'autant plus prégnant que le poète a manqué d'une figure d'identification paternelle. S'il utilise si souvent dans l'œuvre le masque, les travestissements, les doubles, c'est qu'il veut s'avancer masqué, pour dissimuler ce qu'il ressent vraisemblablement comme une faiblesse. Il veut se faire une personnalité prestigieuse. Il n'a pu s'engendrer en tant qu'homme, il va s'engendrer en tant que poète. Aussi se choisit-il un nom. Il a hésité entre plusieurs pseudonymes, depuis Guillaume Macabre dans son adolescence en passant par un nom féminin Louise Lalanne, ceux-ci jouant alors le rôle de masques ; mais finalement il a choisi le prénom de son grand-père maternel. C'est aussi l'un de ses propres prénoms et qui évoque le nom d'Apollon, dieu des arts. Enfin et surtout, c'est par son œuvre qu'il va se créer lui-même. De même que Giovanni Moroni a donné des noms au pantin, au poisson, Guillaume de Kostrowitzky se donne un nom et va créer une œuvre.

Les héros chers à Apollinaire, ses figures d'identification, échouent dans la vie sociale, mais ils ont sur le plan de la création un destin prestigieux. En effet, considérons quelques

---

[31] A. Ehrenzweig, *L'Ordre caché, de l'art,* Paris, Gallimard, 1973.

uns des héros auxquels il s'identifie : Osiris est morcelé mais dieu, il en est de même pour le Christ ; Orphée est démembré, mais héros prestigieux, patron des poètes. Croniamantal, le double d'Apollinaire, échoue dans la vie sociale, il est massacré, mais on lui élève une statue en creux sur laquelle on plantera le laurier des poètes, c'est dire qu'il aura un destin posthume glorieux. Si l'homme a été bafoué, malheureux, blessé, le poète, lui, survivra à tous ceux qui l'ont humilié et attaqué. Il vivra encore, alors qu'eux auront disparu sans laisser de trace :

> Et je m'éloignerai m'illuminant au milieu d'ombres
> Et d'alignements d'yeux des astres bien-aimés (*Cortège*)

On rencontre aussi fréquemment dans les thèmes de l'œuvre apollinarienne le couple opposé richesse-vide. Il est rattachable à la fois aux difficultés d'identification et à la faille liée à l'absence du père. Apollinaire a engrangé des richesses spirituelles qui ont été les germes de sa future création. Il a prouvé que sur un manque, le poète peut édifier une œuvre.

CHAPITRE III

Amour parental et amour filial

Nous avons vu l'évolution du roman familial du poète, qu'en est-il des relations affectives entre les parents et entre les parents et les enfants ? L'étude parallèle de la biographie et des textes va nous permettre de poser des hypothèses.

Étant donné les problèmes d'identité décelés par l'analyse psychocritique, il est utile, pour cerner les rapports de la psychologie du poète avec la création de l'œuvre, de se pencher sur la structure de la famille d'Apollinaire, sur les relations avec les parents, sur leurs images inconscientes dites imagos, et les relais identificatoires, tels que professeurs, personnages étudiés dans l'histoire et la littérature.

Je me propose de décrypter les types d'imagos parentales, c'est-à-dire les images qu'un sujet se fait des parents par un mécanisme de projection de ses propres pulsions, puis d'étudier les relations conscientes et inconscientes que les personnages d'Apollinaire nouent avec leurs parents, ainsi que les sentiments d'Apollinaire envers sa mère d'après sa correspondance et ses amis.

J'ai répertorié, dans un certain nombre d'œuvres en prose d'Apollinaire[32], les images des parents et les images des enfants ainsi que leurs relations mutuelles. Je me suis référée ensuite à la biographie de l'auteur afin de voir s'il y a rencontre ou

[32] Dans *ŒC* I, d'où sont extraites les citations.

divergence entre la vie et l'œuvre. Dans de nombreux textes, notamment dans des textes dits autobiographiques, *Le Poète assassiné* et *Giovanni Moroni*, les images paternelles sont beaucoup plus positives que les images maternelles. On peut s'en étonner. Si l'œuvre n'était que le reflet de la vie, ce devrait être l'inverse, puisque Apollinaire a été abandonné par son géniteur, ce qui aurait pu induire chez lui une image négative du père, alors que sa mère s'occupait de lui avec dévouement. L'agressivité dirigée contre le père devrait être, semble-t-il, plus intense que celle dirigée vers la mère. Les pères, ou les pères nourriciers, dans l'œuvre d'Apollinaire sont généralement, affectueux, dévoués, alors que les mères se révèlent souvent plus femmes que mères et présentent des aspects agressifs ; par exemple, elles distribuent facilement les gifles et les taloches. Elles se montrent cependant chaleureuses, mais ne jouent à aucun moment le rôle de soutien, d'éducateur que remplissent souvent les figures masculines.

Dans *Le Poète assassiné*, Macarée, la mère de Croniamantal, rencontre un musicien ambulant, Viersélin Tigoboth. Elle lui déclare : « Je veux un matou ». Elle le poursuit de ses assiduités jusqu'à ce qu'ils aient une relation sexuelle. Puis elle s'en va, laissant là Tigoboth. Celui-ci, abandonné, se lamente. Dans la réalité, c'est la mère d'Apollinaire qui a été abandonnée par le père. Du temps passe et Macarée s'aperçoit qu'elle est enceinte. Sa première idée est de se débarrasser « de ce fœtus ». Peut-elle accepter l'enfant d'un chemineau ? « Non, non, je condamne à mort cet embryon », s'écrie-t-elle, mais elle réfléchit et elle commence « à aimer son ventre innocent ». Puis elle pense que « ce ventre va ennoblir l'enfant du chemineau wallon », le bébé aura donc le droit de vivre. La noblesse a joué un rôle certain dans la vie d'Apollinaire, sa mère était d'origine noble, son père aussi, pense-t-on. Le poète se plaisait à dire, parfois, qu'il avait des ancêtres prestigieux. Macarée s'exclame : « Quel malheur! un peu plus j'aurais détruit un enfant de race noble, mon enfant. »

Elle est donc prise dans un conflit : elle commence à éprouver de la tendresse pour l'enfant qu'elle voulait d'abord supprimer.

Cela peut refléter un fantasme d'Apollinaire mais également des confidences de sa mère. Bien des femmes ont avoué à leur enfant qu'elles ne l'avaient pas désiré, mais qu'elles l'avaient finalement accepté et aimé.

Macarée enceinte, après avoir gagné beaucoup d'argent au baccara, et, « *déjà riche par amour* », part pour Paris. L'enfant attendu est donc considéré comme une richesse. On retrouve ce thème dans d'autres œuvres. Un soir, Macarée va au Théâtre-Français. Le sujet de la pièce est le suivant : une femme dont le mari est hydropique voudrait, pour le sauver, « *devenir hydropique à sa place* ». Le mari lui dit que ce serait possible si elle avait un enfant, mais hélas elle n'a plus d'ovaires ! Le médecin s'écrie alors : « *L'amour, Madame, est capable de faire bien des miracles !* » Au dernier acte, le mari est devenu mince et la femme est près d'accoucher, ce qui permet au médecin de faire une communication à l'Académie de médecine sur la fécondation des femmes stériles. Un peu avant la fin de la pièce, on entend crier : « *Au feu !* », ce qui déclenche une panique dans la salle. Macarée, en fuyant, s'accroche au bras d'un homme. À la sortie du théâtre, ils lient connaissance, vont souper et finalement couchent ensemble. À quelque temps de là, il devient de plus en plus visible que Macarée attend un second bébé dont le Baron François des Ygrées croit être le père. Le Baron tient à amener sa femme en Italie afin que le pape bénisse l'enfant qui va naître. Ensuite les deux époux qui voulaient prendre le train pour Monaco, par suite d'une erreur se trouvent avoir des billets pour Munich. Ils décident alors d'aller visiter cette ville et ils y séjournent pendant quelques jours. Ils y mènent joyeuse vie, buvant beaucoup de bière et assistant à un défilé burlesque. Macarée s'amuse, boit et rit énormément :

« L'allégresse de la mère eut une heureuse influence sur le caractère du rejeton qui en acquit beaucoup de bon sens, dès avant la naissance, et du véritable bon sens s'entend, celui des grands poètes ».

Un peu plus tard, Macarée accouche d'un beau garçon, mais, épuisée, elle meurt. Le Baron ondoie le nouveau-né et invente pour lui un prénom : Croniamantal, puis il déclare l'enfant sous les noms de Gaétan-Francis-Etienne-Jack-Amélie-Alonso des Ygrées. Notons au passage la présence d'un prénom féminin, détail qui a son importance. Rapidement le Baron des Ygrées[33] règle les funérailles, recueille la succession de sa femme et part avec l'enfant pour la principauté de Monaco. Là, il prend pension dans la famille d'un croupier du Casino, dont il courtise la fille Mia, une belle brune aux yeux noirs. Le père de Croniamantal va souvent jouer au casino, il y perd toute sa fortune, et se suicide. Le jour même, un voyageur hollandais, Monsieur Janssen, demande à prendre pension chez le croupier. On lui loue la chambre laissée libre par le Baron des Ygrées et, apprenant qu'un bébé vient de devenir orphelin, il le recueille et l'emporte bientôt « *pour l'élever comme son propre fils.* »

Notons que le Baron des Ygrées a nourri lui-même l'enfant au biberon et qu'il n'est pas fait mention dans le récit d'éventuels soins maternels que Mia, par exemple, pourrait donner au bébé. On voit donc ici un père[34] jouer le rôle d'une mère. Le père adoptif, le Hollandais, va jouer, lui, un rôle paternel. Il va éduquer soigneusement l'enfant, l'instruire, lui donner chaque matin des leçons, en l'emmenant promener dans la campagne. Cette éducation est faite selon les principes de Jean-Jacques Rousseau.

Il y a là une situation inverse de celle d'Apollinaire qui vivait avec sa mère et n'avait pas de père à la maison. Le père adoptif, Monsieur Janssen, joue le rôle qu'ont pu jouer, dans la réalité, les professeurs d'Apollinaire, figures paternelles positives et structurantes. On voit également dans cet épisode

---

[33] Apollinaire orthographie des Ygrées de différentes façons.

[34] Notons que le Baron des Ygrées a reconnu l'enfant, mais le père géniteur est le chemineau Tigoboth qui a disparu comme le père d'Apollinaire.

du *Poète assassiné* apparaître des figures culturelles. Or, les différents auteurs étudiés à l'école par le poète ont dû être pour lui des figures d'identification paternelle.

Croniamantal ayant atteint sa majorité, son « *maître* » meurt subitement en lui laissant un petit avoir. Croniamantal va alors à Paris « *pour se livrer paisiblement à son goût pour la littérature.* »

Si l'on passe en revue les différentes figures de femmes ou d'hommes qui ont accompagné l'enfance et l'adolescence de Croniamantal, on n'y trouve pas de figure maternelle. Des figures de père ont été près de lui depuis sa naissance, comme si, dans le roman, Apollinaire voulait se tenir à distance de la mère, celle-ci étant trop proche du fait de l'absence du père, et comme s'il s'agissait de pallier, par la multiplication des images masculines, la carence paternelle.

Notons que le Baron des Ygrées est prénommé François, version française du prénom du père présumé d'Apollinaire, Francesco. Il disparaît comme lui. Il est possible qu'Apollinaire ait cru pendant son enfance que son père était mort ; ce n'est peut-être qu'à l'adolescence que sa mère lui a révélé l'identité de celui-ci. Cette hypothèse est vraisemblable, car bien des mères, ayant eu des enfants sans être mariées, disent à ces derniers que leur père est mort. C'est aussi, souvent, un des fantasmes de l'enfant qui n'a pas connu son père ou qui est adopté. Un enfant se croit toujours responsable de la disparition du parent absent et, dans ses fantasmes, il croit l'avoir tué, ce qui expliquerait aussi le redoublement des figures paternelles dans le texte.

Si nous revenons à la structure familiale de *Giovanni Moroni*, nous voyons un couple de parents qui se révèlent, plus tard, seulement vers la fin du récit, être des parents nourriciers. La mère, Attilia, est à la fois chaleureuse et rude. Elle est ainsi présentée : « *La bonne Attilia me gratifiait de taloches que j'essayais de parer en criaillant et sanglotant désespérément.* » Néanmoins elle achète à l'enfant, pendant la fête des rois, « *des dragées fourrées d'écorce d'orange* » et des bonbons à l'anis. Elle est toujours soucieuse pour lui. Lorsque son père, moins inquiet, le laisse se promener seul, lors de la fête foraine, Attilia craint constamment que des bohémiens ne l'enlèvent.

L'enfant est fier de la beauté de sa mère :

« C'était une belle brune, encore jeune. Les sergents retroussaient leurs moustaches en passant près d'elle. Je l'aimais beaucoup, surtout parce qu'elle avait pour pendants d'oreilles de grands cercles d'or fort lourds ».

Attilia semble assez proche d'Angélique de Kostrowitzky ; elle est, comme elle, brune et belle, chaleureuse et rude. Un autre détail rapproche encore les deux figures, Attilia semble volage, or le jeune Apollinaire s'apercevait que sa mère fréquentait beaucoup d'hommes. Angélique, pour élever ses enfants, n'avait, en effet, trouvé d'autre moyen que d'être entraîneuse au Casino de Monte-Carlo. On a dit qu'un camarade de lycée aurait révélé à Guillaume qu'il avait couché avec sa mère, on peut imaginer la colère et l'humiliation de l'adolescent.

Dans *Giovanni Moroni,* amour parental et amour filial sont positifs et chaleureux.

Le thème des relations familiales apparaît à plusieurs reprise, dans l'œuvre d'Apollinaire. Dans le récit *Histoire d'une famille vertueuse, d'une hotte et d'un calcul*, on rencontre une famille idyllique, mais il s'agit d'une famille incestueuse. Un chiffonnier a épousé sa sœur avec laquelle il a eu de nombreux enfants. Ils jouissent d'un bonheur parfait. On voit là un thème œdipien.

La nouvelle *La Fiancée posthume* a pour thème l'amour parental : Monsieur et Madame Muscade sont deux époux qui s'adorent et vivent dans le souvenir de leur fille unique morte à l'âge de cinq ans.

Dans *La Femme assise*, Elvire Goulot est née à Maisons-Laffitte, elle « *aime les chevaux* », elle a l'esprit délié et une mémoire remarquable. Il est fait mention de ses rêves de petite fille. C'est une des allusions à Freud que l'on trouve dans l'œuvre d'Apollinaire. Cela peut nous mettre sur la voie d'un thème œdipien, dont l'idée pourrait provenir de ce que l'on disait de l'œuvre freudienne. Il n'est guère fait mention des parents de la jeune fille, mais apparaît là un mauvais père adoptif, ce qui est exceptionnel chez Apollinaire : cet homme fait croire à Elvire qu'il va l'emmener en Russie pour la traiter comme sa fille, ensuite il l'oblige à se prostituer. Serait-ce une image du père du poète, qui laissa, du fait de son abandon, Angélique se prostituer ?

Dans la pièce *Couleur du temps*, on trouve un exemple d'amour maternel : Madame Giraume a perdu un fils à la guerre et manifeste son désespoir.

Lorsqu'on rencontre, chez Apollinaire, des couples de parents unis et heureux, ils ont généralement un enfant unique. Ce thème demanderait une étude plus longue. Apollinaire, n'ayant pu affronter la rivalité œdipienne avec un père dans sa petite enfance[35], a dû vivre ses sentiments de rivalité vis-à-vis de son petit frère Albert qui, de plus, semblait être le préféré de sa mère, puisqu'il réussissait, lui, dans la vie au lieu de s'adonner à des activités littéraires qu'Angélique de Kostrowitzky méprisait.

Les familles à enfant unique reflètent peut-être le désir inconscient d'Apollinaire d'être le seul aimé de la mère. Nous avons déjà vu une fille unique dans la famille Muscade.

Le thème de l'enfant unique apparaît dès *L'Enchanteur pourrissant* : un pauvre Vavasseur et sa femme ont une fille unique et veulent la marier : elle refuse disant que le mariage la tuerait[36]. Ces parents aiment leur fille « *comme on doit aimer son seul enfant* ». Ils cèdent donc à son désir, puis le père meurt, et la mère soucieuse de l'avenir de sa fille insiste à nouveau pour qu'elle se marie ; elle se heurte encore une fois à un refus. Par la suite, la jeune fille sera séduite par un diable et donnera naissance à l'Enchanteur Merlin.

---

[35] Plus tard il a probablement vécu la rivalité œdipienne avec le compagnon de sa mère, Jules Weil, qu'il appelait « l'oncle ».

[36] Chapitre emprunté au Lancelot de 1533.

Dans *La Rose de Hildesheim ou les Trésors des Rois mages*, une belle jeune fille refuse tous les jeunes gens qui demandent sa main. Un jour se présente un cousin aimé d'elle, elle accepte alors, mais le père, soucieux de l'avenir de sa fille, avant de donner son accord pour le mariage, demande au jeune homme de gagner de l'argent. Le cousin part, travaille comme un forcené, il devient fou et la jeune fille meurt de chagrin.

Dans *La Noèl des Milords*, un armateur se fait corsaire pour venger sa fille tuée par les Anglais, sa femme meurt de désespoir.

Stérilité et enfantement

Dans les *Ébauches et fragments*, le texte « *Les raisons qui m'ont déterminé...* » traite encore des relations familiales. Deux époux se désolent d'être stériles ; ils réussissent néanmoins à avoir un fils, ils le gâtent, le font très bien instruire, mais celui-ci devient un aventurier.

Comme nous l'avons déjà vu, le thème de la stérilité d'un couple apparaît souvent dans l'œuvre d'Apollinaire, par exemple dans la nouvelle *Un Monstre à Lyon ou l'envie*.

Un autre thème important chez Apollinaire est l'obsession de l'enfantement, qui témoigne d'une identification à la mère. On rencontre souvent chez des petits garçons le désir d'être à la fois homme et femme. Ce désir de porter un enfant était certainement fort chez Apollinaire ; dans une certaine mesure, la création est peut-être une sublimation de ce désir.

Jean Burgos note qu'il s'agit d'un thème fondamental que l'on rencontre jusqu'en 1915. Le « salut aux femmes enceintes » est un épanouissement de ce thème. Selon Jean Burgos, cette obsession d'avoir un enfant constitue le sixième chapitre de l'*Enchanteur :* « *Nous nous ressemblons, mais nous n'avons pas d'enfant qui nous ressemble* » et, tout de suite après, on a la rupture. Dans *Onirocritique* , tout se multiplie par le verbe.

Michel Décaudin interprète dans ce sens également la recréation perpétuelle d'Apollinaire, qui, toute sa vie, n'a fait que s'inventer. Il se cherchait, se réinventait perpétuellement et sentait qu'il n'arrivait jamais à se rencontrer. Le thème du double et celui de la multiplication peuvent être retenus dans ce sens. L'étude psychocritique a bien cerné ce problème de la multiplication, si l'on veut comprendre ce qu'on a appelé les contradictions d'Apollinaire.

On peut rapprocher ce thème d'un autre décelé par Michel Décaudin pour qui le mythe fondamental de l'*Enchanteur* est la peur de l'impuissance. Or, si l'on adopte la conception de Charles Mauron d'un Moi social et d'un Moi créateur, on constate que, chez Apollinaire comme chez Baudelaire, le Moi social est inhibé, impuissant, masochiste, mais que le Moi créateur reste libre. On voit, dans l'œuvre d'Apollinaire, que si le corps est souvent réduit à l'impuissance, l'esprit continue à vivre, à créer ; c'est d'ailleurs la situation de Merlin dans *L'Enchanteur pourrissant.*

Les images parentales

L'ambiguïté des images parentales est à signaler. On a déjà observé que l'homme est souvent doux et affectueux et la femme autoritaire et parfois rude. Dans bien d'autres textes on trouve des images de femmes viriles, agressives, voire castratrices.

On voit d'après des textes d'Apollinaire un désir d'enfantement, c'est le sujet même des *Mamelles de Tirésias.*

L'ambiguïté sexuelle est aussi un thème fréquent chez Apollinaire qui manifeste à diverses reprises son goût pour les travestis. Dans *La Femme assise*, le travesti du débardeur, inventé par Gavarni est « un travesti féminin délicieusement équivoque ». Dans *Le Poète assassiné,* lorsque Croniamantal est reçu en Allemagne, dans un couvent de moines, un garçon chante « *d'une jolie voix de soprano* ». L'ambiguïté sexuelle est un des thèmes principaux de la pièce *Casanova.*

Si l'on aborde maintenant la correspondance d'Apollinaire, on remarque, dans une lettre à Lou, que le poète se réjouit d'avoir réussi un examen passé dans l'armée ; il parle ensuite de jeunes soldats qui n'ont pas réussi et il les décrit : l'un d'eux est un joli garçon « *très amusant au point de vue amoureux ; il est aussi bien pour homme que pour femme* », et Bisaïou « *est extrêmement joli, une vraie blonde, très bien élevé d'ailleurs* ».

Le goût d'Apollinaire pour les personnages équivoques peut venir de la carence paternelle, du manque d'images masculines durant son enfance. Cela expliquerait également son ambivalence plus grande envers les images maternelles en raison de la proximité trop grande avec sa mère ; celle-ci devait jouer à la fois un rôle maternel et paternel. Cela a pu motiver aussi la multiplication des figures paternelles. Nous l'avons vu pour Croniamantal. On a signalé qu'il avait fallu, en quelque sorte, trois pères pour la naissance d'*Un Monstre à Lyon*.

L'image de la mère phallique est présente dans les fantasmes de tout enfant à un certain stade de son évolution, mais elle paraît particulièrement prégnante chez Apollinaire, en raison, sans doute, de la structure familiale du poète. J'ai déjà signalé le goût de celui-ci pour les fesses féminines et les flagellations. C'est visible dans la correspondance comme dans les œuvres. Dans un texte de jeunesse retrouvé par Pierre Caizergues, le poète emploie déjà le mot *callipyge*. Aimer donner des fessées aux femmes, implique une identification à la mère phallique ou même à la mère réelle, car Angélique de Kostrowitzky devait être assez généreuse en matière de fessées ou d'usage du martinet. On découvre souvent dans les textes d'Apollinaire, notamment dans *Les Onze mille verges* ainsi que dans la correspondance, des relations sado-masochistes entre les femmes et les hommes. Selon Freud, le sadique est en réalité un masochiste qui s'identifie à sa victime. On peut en inférer qu'Apollinaire, en fouettant une femme, s'identifie à sa mère fustigeant le petit garçon qu'il a été.

L'ambivalence d'Apollinaire envers les images parentales est grande, surtout envers l'imago maternelle. On pourrait penser, étant donné sa biographie, qu'il aurait éprouvé davantage de haine pour le père. On sait que les enfants qui ont été abandonnés ou qui ont perdu un parent sont pleins de rancune. Le jeune enfant pense que si un parent est mort, c'est qu'il a voulu l'abandonner, ce qui déclenche une grande agressivité. Or, au contraire, les imagos paternelles sont protégées et privilégiées dans les textes d'Apollinaire. Celui-ci vivant, comme on sait, avec une mère agressive, certes, mais chaleureuse et dévouée, aurait pu avoir pour elle des sentiments plus positifs que négatifs. Il en était ainsi dans la réalité. Mais, dans l'inconscient, la trop grande proximité avec la mère augmente la culpabilité œdipienne, et le sujet s'en défend par un rejet de la mère. En outre, la mère étant la seule à imposer des frustrations, c'est à elle que la haine va s'adresser. Il semble que chez Apollinaire les sentiments conscients et les sentiments inconscients soient exactement inverses les uns des autres. Consciemment, Guillaume aime sa mère et doit nécessairement en vouloir à son père qui l'a abandonné ; inconsciemment, il aime l'image paternelle et il déteste l'image maternelle.

Dans la vie, Apollinaire a toujours respecté et, semble-t-il, aimé sa mère. Pendant la guerre, lorsqu'il était au front, il était très soucieux de son sort. Par exemple, dans une lettre à Toussaint Luca, il écrit :

« Mon cher Toussaint,

Tu peux me rendre un grand service en écrivant au *percepteur de Fourqueux* (S.-et-O.) de ne pas embêter ma mère *Mme de K.* (...) pour ses contributions de l'an dernier. Il y a moins de 200 frs que je m'engage à payer 25 frs par mois ; en commençant par un versement immédiat de 50 frs s'il accepte. Ma mère avait attendu de payer jusqu'au dernier moment. Puis elle n'a plus eu de nouvelles d'Albert qui est au Mexique et qui lui envoyait de l'argent. Moi je suis aux Armées et par conséquent ai peu d'argent devant moi. Je lui ai écrit pour lui proposer cet arrangement qui me paraît raisonnable; Il ne m'a pas répondu. Et Maman m'écrit qu'il la menace de la faire saisir. Il y a donc urgence. Sous-préfet ta parole aura du poids.

Tu peux lui dire qui je suis et que tu réponds de moi, que je tiendrai les promesses faites dans ma nouvelle lettre que je lui fais tenir par ma mère. Tu me rendras un grand service. » (*Œ*, IV, 701-2)

Plus tard, le 17 mai 1915, Apollinaire écrit encore à Toussaint Luca :

« Mon cher Toussaint, je t'avais prié, je crois, de ne rien écrire à Maman. (...) Mais seulement de faire savoir au percepteur de Fourqueux (...) que j'étais disposé à payer (...)... » (*Œ*, IV, 702)

On sent dans sa correspondance qu'Apollinaire aime sa mère mais aussi, combien souvent elle le rend triste. Il pourrait se montrer agressif envers elle, il sait qu'elle préfère Albert, mais ce qui le blesse c'est de lui voir mépriser ses activités littéraires. Il n'a pas été reconnu par un père en tant que fils et il n'est pas reconnu par sa mère en tant qu'écrivain. En mars 1918, il écrit à Toussaint Luca :

« Mon cher Toussaint, je suis maintenant remis et vais quitter (...) l'hôpital. Mon frère est toujours à Mexico où il a rendu, je crois, pas mal de services à la légation française. Cela ne t'étonnera pas, tu sais quel garçon sérieux, honnête, bon et dévoué. » (*Œ*, IV, 707)

Apollinaire aime sa famille. Il ajoute :

« Maman va bien, mais je suis en froid avec elle. Son caractère trop exclusif nous a momentanément séparés.(...) Je l'aime beaucoup mais comme au fond elle a peu d'inclination pour les choses que je fais, l'art et la littérature que j'aime, les froissements se multipliaient. J'espère que c'est momentané. » (*Œ*, IV, 707-8)

Dans la vie, Apollinaire est un bon fils. Cela contraste avec les images de femme phallique, castratrice, dangereuse que nous avons vues dans l'œuvre. On peut observer aussi le thème de la femme camarade, de la femme qui travaille comme un homme, qui peut être un héros, avec laquelle on peut parler. Ce thème mineur, par rapport à ceux de la femme dangereuse et de la femme sur laquelle on veut exercer une maîtrise, témoignerait d'un certain esprit féministe chez Apollinaire. La pièce *Les Mamelles de Tirésias* en témoigne. Cet aspect des relations d'Apollinaire envers l'image féminine semble lié à la bisexualité psychique (présente chez tout sujet, mais particulièrement nette chez Apollinaire). Il semble qu'il y ait chez lui une forte identification féminine, dont la modalité essentielle est l'identification à la mère qui engendre.

On a vu que le thème de la stérilité préoccupe Apollinaire ; il devient prévalent, pendant la guerre, lorsque le poète écrit *Les Mamelles de Tirésias* pour prêcher la fécondité aux Français.

On pourrait penser, étant donné les textes déjà cités, qu'Apollinaire aurait pu avoir un fort désir d'être père. Cela n'apparaît guère dans la biographie ; il semble qu'il n'ait souhaité qu'une fois avoir un enfant, avec Madeleine Pagès. Il semble qu'il ait refusé à Marie Laurencin qu'elle mène une grossesse à terme[37].

S'il ne demande pas à la femme un enfant, c'est sans doute parce qu'il le lui refuse, manifestant ainsi son agressivité, se vengeant par là de sa mère qui lui a donné un petit frère. Cela expliquerait une des motivations inconscientes de certaines de ses pratiques sexuelles (la sodomie chez beaucoup de sujets vise à priver la femme de son pouvoir créateur).

La pièce *Les Mamelles de Tirésias* nous donne la clé de ce comportement. Si l'on regarde le texte de près, on peut se demander pourquoi, dans une œuvre destinée à inciter les Français à avoir beaucoup d'enfants, ce n'est pas la femme qui va enfanter, mais l'homme. Dans cette pièce, la femme perd ses attributs féminins, elle acquiert des attributs masculins, et c'est l'homme qui devient enceint[38]. On peut reconnaître là le désir

[37] Confidence faite par Marie Laurencin à une amie et que celle-ci a confiée à Michel Décaudin après la mort de Marie.

[38] Youki Desnos racontait qu'Apollinaire se vantait d'avoir du lait et qu'il lui arrivait de le faire constater à ses amis.

d'Apollinaire d'engendrer en tant que femme et un désir d'identité totale avec la femme. Cela est sensible dans un texte dont Pierre Caizergues a fait état et dans lequel un homme, Walter Dougall, et son épouse sont nés le même jour, à la même heure, dans la même ville, et sont morts au même moment et enterrés dans la même tombe.

Dans un autre texte, le narrateur regarde une femme se contemplant elle-même dans un miroir. Ce que nous venons de signaler, confirmé par une expérience clinique, permet d'affirmer que le narrateur regarde dans le miroir sa propre image féminine. On retrouve cette même situation dans des fantasmes et dans des rêves. Parfois l'image reflétée possède à la fois des seins et un sexe masculin. Dans *Le Poète assassiné,* le père *Karel* est un moine (donc un homme en robe) et il a un gros ventre, n'est-ce pas une image de père enceint ?

Le désir de maternité des hommes est souvent refoulé parce qu'il est combattu par l'angoisse de castration. Le mythe de l'androgyne est le rêve de tout être, mais c'est bien un mythe car, sur le plan de la réalité, on ne peut être femme qu'en renonçant à être homme et vice versa alors qu'au contraire, sur le plan psychique, lorsqu'on a bien intégré la bisexualité on peut être à la fois homme et femme.

Apollinaire a cherché un moyen d'accomplir sa bisexualité psychique en créant une œuvre dont il est le procréateur. Dans cette œuvre, la surabondance des symboles phalliques sert à pallier l'angoisse de castration. Cependant le désir de féminité d'Apollinaire est patent. Ainsi les tendances paranoïaques qu'il a manifestées lorsqu'il éprouva une jalousie excessive vis-à-vis d'Annie Playden (dont il dénonça lui-même, plus tard, le caractère maladif) témoignent du désir inconscient d'être femme. En effet, le jaloux s'identifie à une femme ayant une relation sexuelle avec un homme et, de ce fait, pense constamment aux hypothétiques amants de celle-ci.

Le désir de maternité d'Apollinaire va se satisfaire en se sublimant dans la création littéraire. En devenant écrivain (ce qu'il a désiré très jeune), il sera semblable à Zeus donnant naissance à Athéna. La clé de ce souhait se trouve peut-être dans *Le Poète assassiné*. Après la mort de Croniamantal, on lui fera une « statue en rien », une statue en creux.

Si l'on analyse ce motif, on s'aperçoit qu'une statue est une forme phallique et le creux une forme féminine. Dans le creux du ventre maternel se déroule la gestation du bébé. C'est la première demeure de l'homme.

La statue en creux est la condensation de l'homme et de la femme, du phallus et du ventre maternel. Sur la tombe, on planta un beau laurier des poètes, le motif de l'arbre sur la tombe réitère donc l'association symbole masculin-symbole féminin.

On peut conclure que, grâce à son œuvre, à son pouvoir créateur, Croniamantal-Apollinaire sera *homme-femme* pour l'éternité.

CHAPITRE IV

Le secours du mythe

Mon expérience clinique m'a permis de constater que les sujets, hommes ou femmes, ayant souffert d'une carence paternelle ou maternelle dans la petite enfance (père absent, mort ou inconnu), font plus que d'autres personnes référence à des mythes ou à des héros mythiques.

Sur le plan du développement du psychisme, tout être humain a besoin de s'identifier à des parents d'abord, puis à des personnes de l'entourage : professeurs, personnages socialement valorisés, souvent rencontrés au cours des études, tels que des écrivains, des savants, des héros de l'histoire.

Or, les sujets auxquels un parent a fait défaut dans l'enfance semblent chercher avidement des figures d'identification mythique, des modèles idéals pour étayer leur personnalité.

Ces observations m'incitèrent à faire une recherche dans le domaine de la littérature. Les écrivains qui, dans leur œuvre, utilisent beaucoup de mythes ou qui créent eux-mêmes des mythes, ont-ils la même problématique, n'ont-ils pas souffert dans leur enfance d'une carence familiale ? L'examen biographique de plusieurs écrivains m'a permis de répondre affirmativement à cette question.

Je me suis encore demandé, à propos des écrivains et des artistes, si les conflits inconscients résultant de carences familiales ont pu, parfois, jouer un rôle de ferment qui leur a permis d'inventer des formes nouvelles. En ce qui concerne Guillaume Apollinaire cela m'a paru évident.

Clinique et littérature

On découvre parfois en cours d'analyse que certains sujets se sont inventés des biographies mythiques. On s'en aperçoit lors de références faites par ces patients à des figures culturelles, héros historiques ou mythiques ou encore écrivains, artistes, savants qui représentent pour eux des figures d'identification parfois conscientes, parfois inconscientes, comme l'a montré Alain de Mijolla[39]. Ces faits cliniques rejoignent la thèse soutenue par Ernst Kris dans son étude sur la « psychologie de la biographie »,[40] étude consacrée surtout à des biographies d'artistes plasticiens. Kris situe l'apparition de la biographie d'artistes dans l'évolution historique de ce genre depuis la Grèce antique, mais s'attache surtout à répertorier et analyser les caractères de la biographie pendant la Renaissance en Italie. Ces biographies commencent généralement sur une fable inventée par les biographes. Il s'agit souvent de récits fabuleux qui ont trait à un enfant merveilleux dont le don pour l'art serait décelé grâce à un personnage survenu par hasard, épisode que Kris rattache au mythe de la naissance du héros étudié par Otto Rank. On peut rapprocher ces épisodes de la séquence de la vie de Jésus dans laquelle, enfant, il va enseigner les docteurs. Ce schéma s'applique aussi aux récits hagiographiques, aux vies de saints. Kris analyse les composantes psychologiques du biographe, lequel, s'identifiant à un sujet choisi, revit sa propre mégalomanie infantile et satisfait ainsi son narcissisme. En effet, la plupart du temps ces enfants sont issus de familles humbles. L'homme de génie peut

---

[39] A. de Mijolla, *Les Visiteurs du Moi, fantasmes d'identification,* Paris, Les Belles Lettres, Collection Confluents psychanalytiques, 1981.

[40] E. Kris , Zur Psychologie der älteren biographik, In IMAGO, Vol. XXI, 1935, pp. 320-344. Traduction française in *Psychanalyse de l'art*, Paris, P.U.F. 1978, chapitre II, L'image de l'artiste, étude psychologique du rôle de la tradition dans les anciennes biographies.

s'élever au-dessus de sa condition familiale. L'enfant va ainsi surpasser non seulement le père mais ceux qui auraient dû être ses pairs.

Durant une période où je travaillais sur l'œuvre d'Apollinaire, j'avais un patient en analyse dont la vie et les comportements rappelaient singulièrement ceux du poète. Certains aspects de ce patient, que je nommerai Marcos, m'ont éclairée sur la psychologie d'Apollinaire et, parallèlement, ce que je découvrais dans la vie et l'œuvre du poète m'éclairait sur Marcos. Finalement j'entrepris un travail que j'intitulai : « le secours du mythe », car Marcos, dans le matériel qu'il apportait en séance utilisait fréquemment des mythes ou faisait allusion à des héros mythiques. Je remarquai également que Marcos se plaignait fréquemment de conduites mimétiques.

Marcos était originaire d'un pays méditerranéen. Son père vivait dans une petite bourgade où sa virilité était reconnue : on le disait en effet le « coq du village » ; aussi se maria-t-il fort tard, trop tard sans doute car, à peine eut-il eu le temps d'avoir deux enfants dont Marcos était l'aîné, qu'il fut frappé d'une hémiplégie avec aphasie. Marcos avait alors trois ans et, jusqu'à l'âge de douze ans, il vit ce père grabataire, arrivant à peine à articuler quelques mots ; le héros déchu était devenu une véritable loque. Les deux enfants s'amusaient, lorsque la mère sortait pour faire des emplettes, à le taquiner, on peut même dire à le torturer. Le seul plaisir de ce pauvre homme était de fumer et il réclamait constamment d'une voix zézayante : « zigarette, zigarette ». Les enfants jouaient alors à allumer une cigarette, à la lui tendre et à la lui retirer dès qu'il tendait les lèvres pour la saisir, et cela à de nombreuses reprises. On devine la culpabilité que Marcos eut plus tard et son intense angoisse de castration.

Ce garçon vivait entouré de cinq ou six femmes, le seul personnage masculin étant un vieux grand-père. Le rôle d'un instituteur qui prit en affection Marcos fut capital pour cet enfant remarquablement intelligent. Ce pédagogue réussit à persuader la mère de Marcos de le laisser poursuivre des études, et le jeune garçon put accéder à des diplômes de niveau élevé. Cependant, il n'avait manifestement pas donné toute sa mesure : il s'était arrêté à un certain niveau et refusait d'aller plus loin alors qu'il en avait les capacités. Il manifestait une recherche avide de figures d'identification. Il avait remarqué lui-même un phénomène de mimétisme dont il souffrait. Dès qu'il avait parlé assez longtemps avec quelqu'un, notamment un collègue, il se mettait à imiter sa voix, ses gestes, pendant un moment puis, s'il rencontrait quelqu'un d'autre, il imitait celui-ci. Marcos décrivait ce comportement avec une grande finesse, il en avait honte, et il se demandait qui il était vraiment. Je me souvins alors d'avoir remarqué le mimétisme chez Guillaume Apollinaire. Les amis de ce dernier disaient que lorsqu'ils le rencontraient, ils devinaient très vite quelle était la personne qu'il venait de quitter car il empruntait la voix, les tics verbaux et même les mimiques du précédent interlocuteur. Or Apollinaire eut une carence de figure paternelle plus grande encore que Marcos puisqu'il n'avait, apparemment, pas connu son père. Il connut peut-être son nom à l'adolescence seulement. Il eut cependant lui aussi des personnages salvateurs : un couple de parents nourriciers et ses professeurs. D'autres exemples encore me permirent de situer le mimétisme en rapport avec la carence de figure paternelle.

Les figures d'identification de Marcos étaient des héros mutilés ou au destin tragique. Parmi eux se trouvait le Christ. Marcos eut trente trois ans pendant sa cure et il crut, dans les quelques mois qui précédèrent cet anniversaire, qu'il allait mourir comme Jésus-Christ. Parfois il étendait les bras sur le divan en disant : « je suis un crucifié ». Parmi ses modèles il eut aussi de grands généraux : Philippe de Macédoine qui était boiteux, son fils Alexandre, héros prestigieux mais mort très jeune, et un autre héros méditerranéen, Napoléon Bonaparte, qui connut la gloire mais eut une fin terrible. Ces chutes étaient pour Marcos des équivalents symboliques de castration. Les récits de rêves de Marcos étaient souvent de véritables mythes où l'on voyait de grands oiseaux ou des serpents ayant une valeur symbolique. Pendant l'analyse, les remaniements des figures d'identification entraînèrent un choix de héros au destin plus heureux, notamment des écrivains.

On trouve dans les textes d'Apollinaire nombre de héros ou dieux mutilés ou démembrés : Osiris, Icare, Orphée, le Christ. L'enchanteur Merlin, symboliquement châtré par la fée Viviane qui réussit à l'enfermer dans un cercle magique dont il ne pourra pas sortir, a été pris pour modèle par le poète dès sa jeunesse. Il est significatif que la première œuvre majeure d'Apollinaire soit *L'Enchanteur pourrissant* qui traite de cette légende. La variante choisie par lui est la suivante : Merlin est enfermé dans un sarcophage, son corps pourrit mais son esprit reste lucide et prestigieux, et l'on vient du monde entier pour le consulter dans son tombeau et l'admirer. Merlin l'enchanteur est le fils d'un diable et d'une mortelle ; or, être fils de diable comme être fils de dieu, est un destin satisfaisant pour la mégalomanie infantile.

En définitive, Apollinaire a privilégié une identification avec Orphée, le poète-musicien qui fut mis en pièces par des femmes. On voit dans ce thème l'angoisse du poète devant l'imago féminine, trait qui le différenciait de Marcos dont l'angoisse de castration était liée à la rivalité œdipienne avec le père.

Le secours du mythe

Guillaume avait dans sa bibliothèque un nombre considérable d'ouvrages sur les mythologies de divers pays. Philippe Renaud les a mis en évidence[41] et Madeleine Boisson a répertorié les mythes antiques[42] connus du poète.

---

[41] P. Renaud, *Lectures d'Apollinaire*, Lausanne, L'Age d'homme, 1969.

[42] M. Boisson, *Apollinaire et les mythologies antiques*, Fasano (Brindisi), Ed. Schena et Paris, Nizet, 1989.

Jean Burgos[43] a recherché les sources mythologiques d'Apollinaire et étudié les mythes rencontrés dans son œuvre.

Les peuples, surtout dans leur jeunesse, ont besoin de s'inventer des mythes fondateurs. Freud a dit que « les légendes sont les rêves séculaires de la jeune humanité[44] » et il s'intéressait aux mythes, ce n'est pas par hasard qu'il collectionnait les statuettes égyptiennes.

Qu'en est-il de la pensée mythique sur le plan individuel ? Référons-nous à un écrivain intéressé par les mythes : Thomas Mann. Celui-ci, dans la conférence prononcée à Vienne en 1936 pour les quatre-vingts ans de Freud, montrait l'importance du mythe pour la société, pour l'individu et pour le romancier. Le mythe, disait-il « fonde la vie » ; « il est le schéma intemporel, la forme sacrée dans laquelle se coule la vie en reproduisant ses caractéristiques à partir de l'inconscient. Il ne fait aucun doute que l'adoption de l'optique typique du mythe marque une nouvelle époque dans la vie du romancier, elle correspond à une singulière élévation de son état d'esprit artistique, à une sérénité nouvelle de la pensée et de la forme, ordinairement réservée au soir de la vie. Car si dans la vie de l'humanité, le mythique représente un stade primitif aux deux sens du terme, dans la vie de l'individu, en revanche, il est à tous égards synonyme de maturité. On y gagne la perception de la vérité supérieure manifestée dans le réel, le savoir souriant d'un immuable, éternellement valable, du schéma dans lequel et *d'après* lequel vit ce qu'on croit être l'individu.(...) Dans sa relation à lui-même il ne serait qu'inconsistance, perplexité, confusion, trouble, il ne saurait ni sur quel pied danser ni quel visage faire. Sa dignité, la sûreté de son jeu, tient inconsciemment, justement au fait qu'avec lui quelque chose d'intemporel est à nouveau éclairé et devient du présent ; c'est

---

43 J. Burgos, Apollinaire et le recours au mythe, in *Du monde européen à l'univers du mythe*, Paris, Lettres modernes, 1970.

44 S. Freud, La création littéraire et le rêve éveillé, 1908, in *Essais de psychanalyse appliquée*, Paris, Gallimard 1933.

la dignité mythique, attribut aussi du caractère misérable et vil, c'est une dignité naturelle car elle naît de l'inconscient »[45].

Thomas Mann se demande ensuite ce qu'il en serait si le mythe se subjectivait, « s'il se fondait avec le moi en train de jouer et qu'il veille en lui ». Le moi aurait alors la conscience « d'être *de retour*, d'être typique. » Il se sentirait la réincarnation « d'un archétype fondateur » et l'on pourrait parler « de mythe vécu ». Thomas Mann donne à titre d'exemple la reine Cléôpatre qui se croyait la réincarnation d'Ichtar-Astarté, Aphrodite ou Hathor-Isis. Sa vie fut jusqu'au bout conforme à ce rôle mythique puisqu'elle choisit de mourir en pressant une vipère contre son sein. La vipère était l'animal d'Isis.

Thomas Mann lui-même suit cette voie en prenant pour figure d'identification mythique le Joseph de la Bible auquel il a consacré un volumineux ouvrage : *Joseph et ses frères*.

En résumé, le mythe est essentiel dans le fonctionnement du Moi, il a une fonction structurante, il prend une importance considérable chez certains sujets en raison de carences de figures d'identification, lorsque ceux-ci deviennent écrivains ils intègrent ces mythes dans leurs œuvres.

Nous allons en voir quelques exemples.

Les mythes foisonnent dans l'œuvre de Victor Hugo qui fut séparé dès les premiers mois de sa vie tantôt de son père, tantôt de sa mère, en raison d'une part des campagnes napoléoniennes, d'autre part de la mésentente des parents.

Baudelaire, qui perdit son père dans son enfance, fut aussi un utilisateur et un créateur de mythes. Notons simplement celui de l'albatros, cet oiseau immense et prestigieux qui, blessé, devient un objet de dérision dont se jouent les matelots. Un rêve de Baudelaire, raconté par lui à son ami Asselineau, met en scène un monstre juché sur un piédestal, comme une statue, de sa tête part un long appendice qui traîne à terre. Ce

---

[45] Th. Mann, *Freud et l'avenir*, Conférence solennelle prononcée à Vienne le 8 mai 1936 pour les 80 ans de Sigmund Freud, Post-face à Das Unbehagen in der Kultur, Fischer Taschenbuch, Verlag. (Traduction de Françoise Kenk).

monstre est à la fois objet de dérision et d'admiration. Ceci nous rappelle fort le thème de *l'Enchanteur pourrissant* d'Apollinaire. L'épisode dans lequel l'albatros est l'objet des moqueries et des jeux sadiques des matelots évoque le jeu de Marcos avec son père paralysé. Le rêve de Baudelaire témoigne à la fois de la mégalomanie infantile et de la relation sado-masochiste avec les autres.

Albert Camus orphelin de père et fils d'une mère silencieuse a utilisé des mythes et a consacré un ouvrage au *Mythe de Sisyphe*.

Jean Cocteau, privé de son père dès l'enfance, a illustré des mythes dans ses œuvres littéraires et cinématographiques. Il a privilégié le mythe d'Orphée et a créé un véritable mythe avec la figure de l'ange[46].

Marguerite Yourcenar, qui perdit sa mère au début de sa vie, a eu recours dans ses œuvres à des mythes (Penthésilée) ou à des héros historiques, tel l'empereur Hadrien.

Marie Bonaparte, privée elle aussi de sa mère, nous a laissé le récit du rêve d'Anubis dans lequel le dieu des morts égyptiens venait la visiter[47].

Une autre question se pose pour ce type de sujets, celle du nom. Le choix d'un pseudonyme est souvent lié à un héros mythique en raison de la relation au père absent ou faible.

Blaise Cendrars, dont le père a provoqué la ruine de la famille, se choisit un nom dans lequel il condense sa problématique conflictuelle et ses réactions aux deuils successifs qu'il a dû faire des femmes aimées depuis son enfance. Il renonce à son nom Frédéric Sauser pour devenir Blaise Cendrars qu'il définit lui-même comme reposant sur les

---

[46] A. Clancier, Jean Cocteau et les mythes, Colloque de Cerisy la Salle, *Mythes et psychanalyse*, Juillet 1995, Paris, Editions In Press, 1996.

[47] M. Bonaparte, *L'identification d'une fille à sa mère morte, Revue Française de psychanalyse,* 1928, Vol. II, N°3, pp. 541-555.

deux mots braise et cendre. Il s'identifie au phénix qui renaît de ses cendres[48].

Apollinaire s'est, lui aussi, identifié au phénix cité dans plusieurs de ses poèmes et il s'est choisi un pseudonyme fondé sur le nom du dieu des arts, Apollon, et sur un des prénoms de son grand-père, Apollinaris, alors qu'il avait été déclaré, à sa naissance, sous un nom d'enfant trouvé, Dulcigni, sa mère n'ayant pas voulu le reconnaître d'abord, plus tard elle fit rectifier la déclaration de naissance et il fut désigné comme Wilhelm Apollinaris de Kostrowitzky. Devenu écrivain, il francisa son prénom en Guillaume et prit le nom d'Apollinaire, toutefois sa mère l'appelait toujours Wilhelm.

Apollinaire inscrit sur son acte de naissance comme « Italien Russe » se choisit une nouvelle patrie, la France, et une nouvelle langue ; il se chercha des figures d'identification culturelle françaises. Dans son adolescence, il croyait constamment rencontrer dans les rues de Paris un écrivain célèbre et se trompait régulièrement.

Jean-Pierre Vernant, étudiant l'évolution de la pensée chez les Grecs[49], montre que la pensée mythique précède la pensée rationnelle, « les Grecs n'ont pas inventé *la* raison, mais *une* raison, liée à un contexte historique, différente de celle de l'homme d'aujourd'hui ». Il pense qu'il y a cependant « dans ce qu'on appelle la pensée mythique, des formes diverses, des niveaux multiples, des modes d'organisation et comme des types de logique différents ».

Gaston Bachelard a montré que les différentes sciences reposaient sur des mythes, sur des croyances, sur des fantasmes, différents selon les époques. Ainsi l'astrologie et l'alchimie ont

---

[48] A. Clancier, *Le secours du mythe.* Conférence faite à la Société psychanalytique de Paris, 1980.

[49] J. P. Vernant, *Mythe et pensée chez les Grecs,* études de psychologie historique, Paris, François Maspero, 1965.

pu servir de substrat et d'élément moteur de la recherche pour l'astronomie et la chimie[50].

Aujourd'hui, les mythes fonctionnent comme modèles plutôt que comme explication du monde ; ils ne s'opposent pas à la pensée rationnelle mais lui servent de fondement fantasmatique. Peut être le mythe, comme le rêve, est-il devenu une figure du préconscient. Il semble que pour tout sujet, mais plus encore pour ceux que nous venons de décrire, le besoin d'étayer la pensée sur des mythes soit une activité fondamentale de l'esprit.

Pour Freud, le mythe a été un élément important du fonctionnement de sa pensée et un modèle pour formaliser ses concepts. Se servant de mythes anciens réélaborés selon ses observations cliniques, il a pu nous fournir des modèles du fonctionnement inconscient qui ont déclenché une révolution dans la façon de concevoir la psychologie humaine. Ainsi a-t-il utilisé le mythe d'Œdipe et le mythe de Narcisse comme des modèles fondateurs de la psychanalyse.

La pratique de la psychanalyse permet, grâce à la souplesse de fonctionnement mental qu'elle exige, de repérer des éléments significatifs dans les associations du patient, dans leur succession due à l'inconscient et non au hasard ; cela permet également un abord spécifique de la littérature basé à la fois sur l'observation, c'est-à-dire l'étude minutieuse des textes mais aussi sur les idées, les fantasmes et les affects que le texte suscite chez le lecteur, phénomène que j'ai nommé le **contre-texte**[51] par analogie avec le contre-transfert. Ce dernier renseigne l'analyste sur le patient et sur lui-même, le contre-texte apporte des éclairages nouveaux sur l'œuvre et sur son auteur.

Un va-et-vient entre les deux pratiques, celle de la psychanalyse et celle de la psychocritique, permet une approche

---

[50] G. Bachelard , *Essai sur la connaissance scientifique*, Paris, Vrin 1972.

[51] A. Clancier, *Qu'est-ce qui fait courir Boris Vian ?, op. cit.*

plus pénétrante du matériel clinique comme du texte littéraire. On doit retenir la formulation de Pierre-Jean Founeau :

« Si un livre peut susciter une identification, provoquer un intense investissement affectif, exercer une séduction, bref être une source de plaisir ou de jouissance, c'est que dans la lecture s'instaure une relation transférentielle. Parole véritable dans sa valeur de transfert, le texte fait surgir l'enfoui, actualise l'oublié, offre au sujet désirant un objet illusoire où provisoirement se fixer. Lire c'est se lire avec un livre, interroger son inconscient, en approcher le fonctionnement »[52].

Pour nous en tenir à la littérature, le travail sur les textes et les biographies des écrivains permet d'éclairer la problématique de certains patients et de confirmer des hypothèses. Freud nous a encouragés à suivre cette voie, lui qui aimait confronter ses découvertes cliniques à des œuvres littéraires ou artistiques et consacra ses dernières années à imaginer une nouvelle version du mythe de Moïse.

En conclusion, d'après mon expérience clinique, le mythe apporte un grand secours à certains sujets.

Si Apollinaire a utilisé beaucoup de mythes anciens, il les a recréés. Il a repris à son compte et transformé le mythe d'Orphée. Dès l'âge de dix-neuf ans il a intégré le mythe de Merlin dans une de ses premières œuvres, *L'Enchanteur pourrissant.* Il donne à l'histoire légendaire de Merlin une empreinte personnelle : le corps du héros est enfermé dans un sarcophage où il pourrit, alors que l'esprit demeure vivant et des foules de personnages viennent l'interroger et l'admirer. On peut y voir le thème contenant-contenu avec la connotation anale de la pourriture ainsi que le narcissisme et la mégalomanie infantile. C'est là un des aspects du mythe personnel d'Apollinaire; l'autre aspect, variante du mythe d'Orphée, est une descente au pays des morts, des ancêtres, auxquels le poète pourra s'identifier. De cette rencontre avec un revenant il

---

[52] P-J. Founeau, Pour une psycholecture, in *Nouvelle Revue française*, N°333, ler octobre 1980.

reviendra plus fort. Ce mythe se dessine particulièrement dans « *La maison des morts* ».

Apollinaire utilise le mythe comme support, comme modèle d'identification en relation avec la carence de la figure paternelle.

Il ne pouvait pas en rester là, le secours du mythe étant insuffisant pour lui permettre la résolution de ses conflits psychiques. C'est la création qui sera salvatrice pour lui. Mais, d'abord, partant du mythe, du recours au passé, Apollinaire devra inventer le présent.

CHAPITRE V

Apollinaire, inventeur de lui-même

De *L'Enchanteur pourrissant* aux *Calligrammes* et au Cinématographe

Étant donné l'incertitude d'identité dont souffrait Apollinaire, il lui restait une solution pour y remédier et tenter de se trouver, il lui fallait devenir l'inventeur de lui-même.

Comme on l'a vu dans les chapitres précédents, les problèmes d'identité d'un écrivain ont une influence sur les contenus de ses œuvres ainsi que sur la forme et le style. Si des conflits inconscients, des difficultés avec les imagos parentales entraînent parfois des inhibitions de la création, ils peuvent aussi avoir un effet stimulant et pousser l'auteur à imaginer et à inventer des formes nouvelles. Tel fut le cas de Guillaume Apollinaire.

Pour étudier la problématique apollinarienne et tenter de déceler les sources profondes de sa personnalité et de sa création, je développerai quelques thèmes dont le premier sera *Invention et tradition*, formule d'Apollinaire qui constitue une des clés de son imaginaire. J'y aborderai certains motifs. Ensuite je signalerai des formes stylistiques nouvelles inventées par Apollinaire, sous quatre rubriques :

- Le mimétisme,

- Le dialogue avec soi-même ou dialogue du Je et du Tu
- Les techniques cinématographiques
- La maîtrise du temps et de l'espace

Invention et tradition

La Tradition

La somme énorme de connaissances engrangée par Apollinaire, depuis les mythologies, les œuvres ésotériques, les poèmes du Moyen Age, les chansons de toile, jusqu'aux œuvres des écrivains du dix-neuvième siècle, ont été le ferment sur lequel sa création s'est bâtie.

La carence d'une image paternelle stable et solide pendant son enfance, et la trop grande proximité avec la mère, seule avec ses deux enfants pendant plusieurs années, ont probablement empêché Apollinaire d'intégrer au mieux ses identifications aux imagos parentales, donc d'intégrer la bisexualité psychique. Ce qui l'a sans doute incité à chercher des solutions pour éviter un morcellement du Moi. Écrire peut être une de ces solutions, parce que, d'une part, l'écrivain trouve des images d'identification dans ses pairs, les auteurs qu'il admire - parfois même les héros littéraires lui servent de modèles -, d'autre part, l'acte d'écrire, de construire un récit, un poème, d'inventer des personnages entre lesquels il établit des relations, permet de résoudre des conflits internes.

Lorsque l'écrivain devient créateur et s'émancipe de ses modèles, il prouve qu'il a intégré ses différentes identifications.

La formule d'Apollinaire : *invention et tradition*, reflète bien sa problématique psychique. Il a besoin de s'étayer comme tout homme, sur une tradition, mais il lui faut la dépasser s'il veut être lui-même, s'il veut trouver sa personnalité et cela par l'écriture. Il lui faut alors inventer, inventer des thèmes, mais surtout inventer des formes littéraires, des formes stylistiques, inventer un langage. Il l'a fort bien dit dans le poème *Cortège* :

« Puis sur terre il venait mille peuplades blanches
Dont chaque homme tenait une rose à la main

Et le langage qu'ils inventaient en chemin
Je l'appris de leur bouche et je le parle encore ».

Apollinaire sent terriblement l'absence paternelle ; il voudrait pouvoir communiquer avec l'absent, le disparu, mort peut-être. Le poème *La maison des morts* témoigne de cette nostalgie. Le poète sent quelle force, quelle sécurité peut donner le contact avec un père dans l'enfance. On est fort pour la vie si l'on a pu s'identifier à une figure paternelle valable. Ainsi écrit-il à la fin du poème, lorsque les morts sont revenus dans la maison funéraire, ayant tout oublié d'une promenade faite en compagnie des vivants :

« Ils ne se doutaient pas
De ce qui s'était passé
Mais les vivants en gardaient le souvenir
C'était un bonheur inespéré
Et si certain
Qu'ils ne craignaient point de le perdre ».

Ceux qui ont pu intégrer leurs identifications, conserver en eux les imagos vivantes, hériter la force des parents, peuvent désormais affronter la vie et la solitude, ils ne seront plus jamais faibles, plus jamais seuls. La fin du poème en témoigne :

« Ils vivaient si noblement
Que ceux qui la veille encore
Les regardaient comme leurs égaux
Ou même quelque chose de moins
Admiraient maintenant
Leur puissance leur richesse et leur génie
Car y a-t-il rien qui nous élève
Comme d'avoir aimé un mort ou une morte
On devient si pur qu'on en arrive
Dans les glaciers de la mémoire
À se confondre avec le souvenir
On est fortifié pour la vie
Et l'on n'a plus besoin de personne ».

L'enfant qui n'a pas connu la sécurité, la structuration psychique solide que peuvent assurer deux parents, ayant une bonne relation entre eux, va désespérément chercher à compenser cette lacune. Il pourra utiliser divers moyens, par exemple le secours du mythe, comme nous l'avons vu, ou encore le mimétisme déjà signalé dans le cas de Marcos et que je vais développer ici.

Le sujet carencé essaiera d'imiter les autres, dans l'espoir de les assimiler, ou bien il tentera de pénétrer en eux par une identification projective pour les contrôler, les avoir tout à lui. Il essaie ainsi de trouver une enveloppe, d'endosser leur personnalité, à défaut de trouver la sienne. Enfin, s'il dispose un jour du moyen de l'art, il pourra intégrer différentes images et devenir lui-même. Apollinaire en témoigne dans le poème *Cortège* qui est au cœur de sa quête identitaire :

« Un jour
Un jour je m'attendais moi-même
Je me disais Guillaume il est temps que tu viennes
Pour que je sache enfin celui-là que je suis
Moi qui connais les autres
Je les connais par les cinq sens et quelques autres
Il me suffit de voir leurs pieds pour pouvoir refaire ces gens à milliers
De voir leurs pieds paniques un seul de leur cheveux
Ou leur langue quand il me plaît de faire le médecin
Ou leurs enfants quand il me plaît de faire le prophète ».

Le poète montre combien par tous les sens il essaie de s'introduire dans les autres, comme s'il étendait des pseudopodes et se fondait avec eux.

Toutefois, en rester là ne serait pas satisfaisant, il faut devenir soi-même ; c'est ce que le poète cherche passionnément. Il va ressusciter les autres et revivre avec eux :

« Il me suffit de goûter la saveur du laurier qu'on cultive
pour que j'aime ou que je bafoue
Et de toucher les vêtements
Pour ne pas douter si l'on est frileux ou non
....
Il me suffit de tous ceux-là pour me croire le droit de ressusciter les autres ».

Cependant il ne pourra les ressusciter, c'est-à-dire rendre vivantes à l'intérieur de lui les imagos, surtout l'imago paternelle qui lui a tellement fait défaut, que s'il arrive à se recréer lui-même :

« Un jour je m'attendais moi-même
Je me disais Guillaume il est temps que tu viennes
Et d'un lyrique pas s'avançaient ceux que j'aime
Parmi lesquels je n'étais pas
....
Le cortège passait et j'y cherchais mon corps
Tous ceux qui survenaient et n'étaient pas moi-même
Amenaient un à un les morceaux de moi-même
On me bâtit peu à peu comme on élève une tour
Les peuples s'entassaient et je parus moi-même
Qu'ont formé tous les corps et les choses humaines

La problématique du temps, si importante dans l'œuvre apollinarienne, est là. Dans ce poème le passé existe, on peut s'appuyer sur lui, alors que l'avenir est vide.

Et détournant mes yeux de ce vide avenir
En moi-même je vois tout le passé grandir ».

Pour que cet avenir ne reste pas vide, reflet du vide intérieur du poète (souvenons-nous que dans *Le Poète assassiné* on édifie une statue en creux du poète), Apollinaire n'en restera pas là. Il va essayer de remplir ce vide en inventant des formes nouvelles.

L'invention

Il va préparer cet avenir et, s'il oscille entre le passé et le futur, entre la tradition et l'invention, si le présent lui glisse entre les doigts comme l'eau sous le pont Mirabeau, c'est sur la page blanche qu'il fixera le présent, qu'il le construira et se reconstruira lui-même.

Après le mimétisme, tentative de s'étayer sur le passé, sur les sujets qu'il côtoie, sur la tradition, il arrivera enfin à inventer des formes littéraires ou artistiques nouvelles.

Le mimétisme

Souvent les sujets ayant souffert de carence paternelle dans leur enfance ont une affinité avec des figures qui pourraient jouer le rôle de père ; cela se traduit par un certain mimétisme à l'égard de ces personnages, voire même à l'égard d'amis.

Ainsi Marcos, dont nous avons déjà parlé, avait beaucoup de traits communs avec Apollinaire : l'utilisation fréquente de mythes et une tendance à l'imitation dont il souffrait. Souvent il répétait : « Qui suis-je ? Allez-vous m'aider à le savoir ? » Peu à peu, la personnalité de Marcos, grâce aux nouvelles introjections qu'il put faire pendant l'analyse, put se dégager de ces imitations.

J'ai relevé chez Jean Cocteau, qui perdit précocement son père, une telle tendance au mimétisme qui lui fit probablement choisir la figure de l'ange (symboliquement, le père parti pour le ciel selon un rêve que Cocteau a relaté) comme modèle identificatoire.

Apollinaire était doué de ces capacités mimétiques. Fernand Fleuret a dit dans ses souvenirs que, lorsqu'il le rencontrait, il pouvait deviner quelle était la personne que son ami venait de quitter, car il pouvait reconnaître, dans les paroles et les gestes du poète, le reflet du précédent interlocuteur. Ce don de mimétisme, signalé par plusieurs amis d'Apollinaire, gênant lorsqu'on ne s'en dégage pas, peut aussi dans le domaine de la littérature, favoriser des identifications rapides à différents personnages qui, intégrés dans l'œuvre, dans le langage, peuvent permettre de les rendre vivants.

Cette tendance d'Apollinaire à des identifications multiples et presque instantanées lui a permis d'intégrer, dans son œuvre, des apports extérieurs divers. Le meilleur exemple en est son récit *Que vlo-ve ?* Après avoir vécu quelques semaines à Stavelot où il a dû entendre parler des paysans et des ouvriers wallons, Apollinaire a pu recréer fidèlement leur langage. Les amis belges d'Apollinaire en témoignent.

Le poète nous décrit ce don spécial d'identification dans *Cortège* :

« O Corneille Agrippa l'odeur d'un petit chien m'eût suffi
Pour décrire exactement tes concitoyens de Cologne
....
O gens que je connais
Il me suffit d'entendre le bruit de leur pas
Pour pouvoir indiquer à jamais la direction qu'ils ont prise ».

Mais s'il s'était contenté d'être le lieu de passage des ancêtres, des traditions, il n'aurait pu intégrer suffisamment cet apport pour se construire lui-même, il n'aurait pas pu créer une œuvre.

Il fut, pendant une période, hanté par la peur de la folie. On le constate dans *Le passant de Prague*, écrit en 1902. Le narrateur conte que son mystérieux compagnon, le Juif errant, lui montre une améthyste dans la chapelle des rois de Bohème (le Hradschin à Prague). Les veines de cette pierre dessinent un visage que l'on prétend être celui de Napoléon. Le narrateur, qui représente Apollinaire lui-même, s'écrie : « C'est mon visage (...) avec mes yeux sombres et jaloux ! » Puis il dit : « Nous dûmes sortir. J'étais pâle et malheureux de m'être vu fou, moi qui crains tant de le devenir ». À l'époque de son amour forcené pour Annie Playden, Apollinaire passa certainement par une crise psychologique inquiétante. Il en eut conscience, craignant de ne pouvoir contrôler ses pulsions. Il sentait que sa jalousie était pathologique. Plus tard il écrivit : « Je me croyais mal aimé tandis que c'était moi qui aimais mal »[53].

Apollinaire connut aussi des crises de dépersonnalisation, épisodes au cours desquels on éprouve un sentiment angoissant de brisure, de coupure avec la personnalité habituelle, ainsi que des sensations de vide, de liquéfaction (tels sont les termes

[53] Lettre à Madeleine Pagès, 1915, *ŒC*, IV, 492-3.

employés par les personnes qui les ressentent)[54]. Ces crises sont liées à un sentiment de perte des limites du Moi. Apollinaire le décrit fort bien dans *La Chanson du Mal-Aimé :*

« Mon cœur et ma tête se vident
Tout le ciel s'écoule par eux
O mes tonneaux des Danaïdes
Comment faire pour être heureux
Comme un petit enfant candide ».

Cela n'est pas pour nous étonner, car on sait aujourd'hui que les enfants qui ont souffert de séparations précoces ont plus de difficultés que les autres à structurer leur Moi ; ceux qui n'ont pas vécu pendant leur petite enfance entre un père et une mère aimant et s'entr'aimant (verbe cher à Apollinaire), les enfants auxquels un des parents a fait défaut, ont du mal à élaborer le conflit œdipien, fondamental pour la structuration du psychisme humain, et ils peuvent garder une certaine fragilité psychique.

L'absence d'un père, les séparations de la petite enfance, avaient dû rendre Apollinaire vulnérable ; fréquemment, durant sa vie, il connut des périodes de dépression qu'il exprima dans sa correspondance et dans ses poèmes :

« Je suis soumis au Chef du signe de l'Automne
Mon Automne éternelle ô ma saison mentale ».

En 1916, pendant la guerre, la blessure à la tête faite par un éclat d'obus nécessita une trépanation et fut suivie d'un épisode dépressif, ses lettres en témoignent. Les horreurs de la guerre, la mort de nombreux camarades l'affectèrent beaucoup. C'est grâce à l'écriture qu'il put élaborer ses deuils et sa dépression, mais il y parvint plus difficilement à la suite de sa blessure.

---

[54] M. Bouvet, *Oeuvres psychanalytiques I, La relation d'objet, névrose obsessionnelle, dépersonnalisation,* Avant-propos de Michel de M'Uzan, Paris, Payot, 1967 et 1972. Cet auteur décrit, en s'appuyant sur des cas cliniques la « névrose de dépersonnalisation » et les crises temporaires de dépersonnalisation.

Lorsque la force pulsionnelle est grande et que le sujet est capable de sublimation il peut élaborer ses conflits dans la création. Ainsi les conflits inconscients d'Apollinaire ont laissé une trace dans son œuvre, dans les thèmes (par exemple l'image de la mère archaïque possessive est le sujet même de *L'Enchanteur pourrissant*) et dans le style. Ses difficultés l'ont stimulé, l'ont poussé à créer. Puisqu'il ne pouvait pas s'étayer suffisamment sur la tradition, c'est-à-dire sur les imagos paternelles, il fallait qu'il inventât. Certaines de ses trouvailles géniales sont la solution de ses problèmes. On peut citer deux innovations :

- le dialogue avec soi-même ou le dialogue du Je et du Tu,
- l'emploi de techniques cinématographiques

Le dialogue du Je et du Tu

Sur le plan de l'écriture, Apollinaire a été, me semble-t-il, le premier poète français à avoir utilisé le changement des pronoms personnels au cours d'un même texte pour se désigner comme narrateur du texte. On peut en voir la source inconsciente d'une part dans l'incertitude du poète concernant sa filiation et son identité, d'autre part dans sa relation à sa mère.

J'ai été très attentive à ce mode de discours après avoir entendu des patients, enfants et adultes, en analyse, utiliser, soit au cours d'une même séance, soit selon les moments de l'analyse, des formes grammaticales différentes, particulièrement en ce qui concerne les pronoms personnels.

On entend parfois au cours d'une même séance, un patient passer du *je*, au *tu*, ou au *il,* quelquefois même au *on* en parlant de lui-même, puis revenir au *je* selon le niveau de régression ou la partie psychique de lui-même à laquelle il prête temporairement sa voix.

On voit également survenir des changements de temps et de mode des verbes qui ne répondent pas aux structures stylistiques classiques mais reflètent les oscillations du niveau de l'inconscient.

Dans le poème *Zone* qu'Apollinaire, sans doute pour en souligner l'importance, a placé en tête de son recueil *Alcools*, les variations des pronoms personnels sont significatives. Un dialogue s'instaure entre le *je* et le *tu* .

Une fillette psychotique n'avait jamais dit *je*, elle disait seulement *tu* en parlant d'elle de telle façon que la thérapeute ne savait jamais si l'enfant parlait d'elle-même ou de l'analyste. Au fur et à mesure du déroulement de la psychothérapie, l'enfant commença à dire *je*, d'abord rarement, puis de plus en plus souvent. Fait notable, quand la fillette put dire, alternativement, tantôt *je* tantôt *tu* en parlant d'elle, elle employait lorsqu'elle disait *tu* une voix haut perchée, comme venant de très loin, semblant imiter une autre personne, comme si à l'intérieur d'elle-même deux voix dialoguaient.

Un petit garçon se mit, au cours de sa psychothérapie, à grommeler de façon étrange. L'analyste lui demanda l'explication de ce comportement, il répondit alors : « je parle à mon cœur », et, devant l'air étonné de l'analyste, il ajouta : « Oui, mon cœur est à l'intérieur de moi, donc je ne peux pas parler avec ma voix extérieure, il faut que je lui parle avec une autre voix pour qu'il m'entende ».

Il est probable que ce personnage intérieur que l'enfant désignait comme son cœur était le père, mort depuis quelques mois. Un des symptômes de l'enfant était la peur de voir apparaître un fantôme ; son sommeil en était troublé car un cauchemar le réveillait fréquemment. J'ai montré dans un précédent chapitre le rôle joué chez Apollinaire par le revenant (le père mort) dans l'inconscient.

Assez souvent, on voit des patients parler avec deux voix différentes dont l'une est aiguë ou nasillarde. Cela évoque un ventriloque. La façon de parler de cette fillette lorsqu'elle disait *je* et du petit garçon qui grommelait, ressemblait beaucoup au dialogue d'un ventriloque avec son mannequin.

Or, le thème du ventriloque a été traité à plusieurs reprises par Apollinaire, sans doute sentait-il à l'intérieur de lui-même le dialogue entre ces différentes voix qu'il a pu extérioriser dans l'écriture. N'était-ce pas ce qu'il désignait dans ce vers du *Bestiaire* (*Les Sirènes*) :

« Mer, je suis comme toi plein de voix machinées ».

Le narrateur du conte *Les souvenirs bavards* entend dans la chambre voisine de la sienne, dans une pension de famille, un certain Chislam s'entretenir avec diverses personnes, des femmes d'abord, qui toutes refusent son amour, puis un homme, nommé Chislam comme lui, son double, avec lequel il dialogue. Le narrateur, incommodé par ces conversations, se plaint à la propriétaire de la pension. Celle-ci lui révèle que Chislam Borrow a été un célèbre ventriloque d'un genre un peu spécial, puisque au lieu d'avoir une poupée avec laquelle il parlait, il changeait de déguisement si rapidement que cela lui permettait d'incarner lui-même presque simultanément deux personnages qui dialoguaient. Maintenant qu'il était vieux et seul, sa ventriloquie lui donnait l'illusion d'avoir une compagnie.

On peut rapprocher du thème du ventriloque celui du perroquet fréquent également chez Apollinaire. Dans *Zone*, on le trouve dans ces deux vers :

« Les inscriptions des enseignes et des murailles
Les plaques les avis à la façon des perroquets criaillent ».

On voit un perroquet jouer un rôle important dans *Le matelot d'Amsterdam.*

Dans *Le Rabachis*, un jeune peintre suédois, habile à imiter les accents et quelque peu ventriloque singe une conversation future, puis raconte une histoire de perroquet. On rencontre donc ici, associés, les motifs du perroquet, de la ventriloquie et de l'imitation. Cela peut être rapproché des thèmes de l'ombre, du double et du revenant fréquents chez Apollinaire.

Claude Debon-Tournadre, dans sa thèse *Guillaume Apollinaire de 1914 à 1918,*[55] a souligné ce qu'elle appelle « le principe d'incertitude ». Elle montre que le récit est une quête de la vérité, la recherche du mystère inclus dans le personnage ou l'objet et note qu'il y a une dérobade des êtres et des choses.

Elle souligne aussi l'omniprésence du masque, la fréquence de la métamorphose, du mimétisme. Enfin elle voit dans l'instabilité onomastique le signe d'une identité incertaine.

Ainsi, des modes d'approche critique différents aboutissent à des résultats similaires ; ils mettent en évidence le problème d'identité du poète.

Les techniques du cinématographe

Apollinaire était intéressé par la nouveauté dans tous les domaines, non seulement de l'art mais de la vie, en particulier la vie moderne, l'aviation, les machines, les nouveaux modes de peindre, d'écrire, et le nouvel art : le cinéma.

S'il avait vécu plus longtemps, il aurait certainement écrit des scénarios pour le cinéma. Il en a fait un avec André Billy, *La Bréhatine*, où le procédé de la surimpression est utilisé largement ; le synopsis indique fréquemment « surimpression » ou « fondu de la surimpression ». Ce texte est de 1917. À l'époque d'*Alcools*, Apollinaire était déjà intéressé par le cinéma[56]. On peut dire que la technique de *Zone* qui, sur le plan grammatical, passe alternativement du présent au passé, et dont les séquences évoquent souvent le passage rapide d'un lieu dans un autre (Chartres, la Méditerranée, etc.), fait penser au procédé du flash-back cinématographique. Quand Apollinaire écrivait *Zone,* cette technique n'existait pas encore, mais on utilisait un procédé (qui allait déboucher sur le flash-back), appelé

---

[55] C. Debon-Tournadre, *Guillaume Apollinaire, 1914-1918*. Thèse pour le Doctorat d'Etat ès-Lettres et Sciences Humaines, *op. cit.*

[56] Dans un article de *L'Intransigeant* (1910), Apollinaire fait le récit d'une recherche de scénario à la Bibliothèque nationale. Il reprend ce texte dans *Le Rabachis* (1917-1918).

ouverture à l'iris et fermeture à l'iris. Une scène étant projetée sur l'écran un cercle sombre apparaissait, se rétrécissait de plus en plus autour de la scène, jusqu'à ce qu'elle disparaisse, puis le cercle s'agrandissait et laissait voir une scène nouvelle. Cela fait penser à la contraction et à la dilatation de la pupille de l'œil ou au changement de dimension du diaphragme d'un appareil photographique. N'est-ce pas ce procédé qui est utilisé dans *Alcools* ?

« Pupille Christ de l'Œil
Vingtième pupille des siècles il sait y faire
Et changé en oiseau ce siècle comme Jésus monte dans l'air ».

Ces vers, dont on a donné diverses explications, sans qu'aucune soit définitive ou exclusive, sont peut-être une allusion à cette technique.

On sait qu'Apollinaire utilisait des sources auxquelles il aimait faire allusion dans ses textes. Dans cette expression « Pupille Christ de l'Œil », Apollinaire a volontairement condensé des sens différents dont l'un est peut-être une allusion au cinéma. Un élément de preuve réside dans l'association de cette image au vingtième siècle et à l'aviation, découverte récente, comme le cinéma.

Apollinaire emploie dans *Zone* non seulement ce système de l'ouverture et de la fermeture à l'iris mais aussi la voix off, comme s'il l'inventait plus de vingt ans avant que le cinéma ne devienne parlant ; c'est peut-être cela qui lui a inspiré le passage du *je* au *tu*. Par exemple :

« Te voici à Amsterdam avec une jeune fille ».

Après cette scène on peut imaginer que le diaphragme se rétrécit, puis s'ouvre sur la scène suivante : à Paris chez le juge d'instruction. À ce moment survient la voix off comme si Apollinaire étant alors en prison, après les mots *« en état d'arrestation* », revenait à ce passé pénible. L'accusation injuste a réveillé la culpabilité infantile inconsciente. Apollinaire écrit : « tu n'oses plus regarder tes mains », comme si elles étaient coupables. On croit entendre la voix du Surmoi, la voix d'un père sévère. Le poète, ayant l'intuition de ses conflits inconscients, les a intégrés dans le travail du texte.

Le souci de se démarquer de Cendrars a pu aussi pousser Apollinaire à inventer un style nouveau. Ce style, il l'a choisi, consciemment, par désir d'intégrer les nouvelles techniques apportées par d'autres arts, et inconsciemment en raison de ses conflits internes.

La maîtrise du temps et de l'espace

Apollinaire veut, désespérément, se construire lui-même en construisant ses textes. Il va tenter de maîtriser le temps et l'espace, l'espace extérieur et « l'espace du dedans » selon l'expression d'Henri Michaux. et le temps dans lequel le psychisme va se construire, évoluer, de la naissance à la maturité.

Dans les contenus, dans les thèmes

De nombreux textes traitent du thème de la reconstruction d'un espace où rien ne manquerait, où tous les morceaux du monde seraient contenus et structurés en un ensemble, pour échapper au morcellement, qui refléterait des brisures intérieures dangereuses.

Ainsi, dans *Zone*, le poète essaie de contenir toutes les parties du monde visible et même invisible, d'inclure aussi l'évolution du temps, du passé à l'avenir. Celui-ci attire Apollinaire, mais le futur est parfois inquiétant car si l'on est assuré du passé et même du présent, qu'adviendra-t-il demain ? Apollinaire y projette la crainte d'un morcellement, d'une dépersonnalisation. C'est sans doute ce que signifie la fin du poème *Cortège* :

> « Rien n'est mort que ce qui n'existe pas encore
> Près du passé luisant demain est incolore
> Il est informe aussi près de ce qui parfait
> Présente tout ensemble et l'effort et l'effet ».

comme si cet avenir informe décelait des menaces de destruction, et que la seule façon d'y échapper fût de tenter de le construire à l'avance dans les textes.

Si l'on revient à *Zone*, on y voit :

- *sur le plan du temps*, une condensation ou plutôt une sorte d'embrassement de tous les siècles depuis l'antiquité grecque et le christianisme jusqu'au vingtième siècle et aux découvertes qui nous projettent dans l'avenir ;

- *sur le plan de l'espace*, une condensation de tous les espaces, visibles et invisibles : espace cosmique, terre, ciel et même monde des enfers :

« Et changé en oiseau ce siècle comme Jésus monte en l'air
Les diables dans les abîmes lèvent la tête pour le regarder ».

Dans le fragment du poème qu'on peut qualifier de séquence mythique, des oiseaux, les uns réels, les autres fantastiques, viennent voler autour de l'avion, symbole du Christ, mais également symbole d'Apollinaire, puisque le Christ est une de ses figures d'identification. On voit là une tentative d'emprise sur l'espace terrestre, sur les différentes parties du monde. Y sont désignées l'Europe, puisque le départ se situe vraisemblablement à Paris, puis l'Afrique, puis l'Amérique, puis l'Asie :

« D'Afrique arrivent les ibis les flamants les marabouts
Et d'Amérique vient le petit colibri
De Chine sont venus les pihis longs et souples ».

Quant à la cinquième partie du monde, l'Océanie, on la voit apparaître seulement à la fin du poème :

« Tu marches vers Auteuil tu veux aller chez toi à pied
Dormir parmi tes fétiches d'Océanie et de Guinée ».

On peut s'interroger sur cette apparition tardive, précédant immédiatement les dernières images :

« Adieu Adieu
Soleil cou coupé ».

L'Océanie, composée en majeure partie d'îles et d'archipels, convient, mieux que les autres parties du monde, à la représentation symbolique d'un morcellement du Moi.

Toutes les images sont significatives. Le poème, lorsqu'il avance vers la fin, évoque de plus en plus, avec le jour qui vient, l'avidité et un désir d'évasion, de dilatation, d'abord évoqué par l'oralité, l'ivresse :

> « Et tu bois cet alcool brûlant comme ta vie
> Ta vie que tu bois comme une eau-de-vie ».

puis par un désir de fuite hors des lieux familiers, vers l'Océanie. Serait-ce là un souhait d'expansion du Moi, d'explosion, de fête dionysiaque ? Mais une angoisse survient, ce saut dans l'espace, ce saut dans la fête ne va-t-il pas déboucher sur une déstructuration du Moi, sur une explosion interne, sur la folie, ou sur la mort ? Mieux vaut alors renoncer : *Adieu Adieu*. La dernière image - *Soleil cou coupé* - est particulièrement démonstrative. On peut y voir, comme je l'ai déjà noté, une image de castration d'un père-Soleil, mais elle désigne également la castration du sujet lui-même puisque Apollinaire s'est choisi un nom évoquant le dieu solaire Apollon. Or l'angoisse de castration est salvatrice car elle vient mettre fin à la relation duelle fusionnelle avec la mère, elle permet d'échapper à l'angoisse de morcellement. On peut y voir une référence rassurante et structurante. Apollon, comme l'a fait remarquer Nicos Nicolaïdis,[57] est le premier « œdipificateur », c'est son oracle qui déclenche le drame d'Œdipe et oblige ce dernier à sortir de la relation duelle quand Œdipe demande à Delphes ses origines : « qui suis-je ? », sa problématique à ce moment-là n'est pas encore œdipienne mais existentielle ; autrement dit Œdipe, par cette question, cherche « un statut de sujet ». Apollon, avec sa réponse : « Tu coucheras avec ta mère, tu tueras ton père » tente « d'œdipifier la problématique préœdipienne d'Œdipe » écrit N. Nicolaïdis. C'est aussi la

[57] N. Nicolaïdis, « *Proto-Œdipe et Œdipe œdipifié,* Une mutation sur-moïque », *Revue française de psychanalyse,* 1973, vol. 37, n°3.

double interrogation d'Apollinaire qui se demande : quel est son statut de sujet autonome.

L'étude des thèmes nous oriente donc vers la personnalité d'Apollinaire, vers la nécessité interne qu'il éprouve de se créer lui-même.

Jean Burgos, spécialiste des études thématiques, concluait ainsi un travail sur Apollinaire :

« Cette réflexion sur la thématique nous permet ensuite de constater que, même lorsqu'il paraît s'abandonner à l'inspiration de l'instant, céder aux modes de son époque, se laisser prendre aux séductions des écoles naissantes, Apollinaire, toujours en quête de lui-même, ne fait jamais qu'éprouver de nouveaux moyens de se découvrir, de se faire reconnaître et d'assurer, en réorganisant le monde, la revanche (...) sur un destin »[58].

Michel Décaudin, soulignant l'accueil fait par Apollinaire au simultanéisme pictural et poétique, a montré que, bien avant l'apparition de cette théorie, Apollinaire la mettait en pratique dans *L'Enchanteur pourrissant*, dans *Le Larron*, dans *Vendémiaire*, dont la première version date de 1909 ; « Nulle part, écrit-il, plus que dans ce poème la possession de l'espace et du temps n'a été proclamée par le poète, en proie à une ébriété cosmique »[59].

L'étude de *Vendémiaire*, comme celle de bien d'autres textes, confirme qu'Apollinaire oscille constamment entre le désir d'une ivresse dionysiaque et la crainte d'une explosion qui engendre un besoin de contention, de stabilité.

La maîtrise du temps et de l'espace

Michel Décaudin, dans l'étude déjà citée, a montré la dialectique du temps et de l'espace chez le poète et a souligné

---

[58] J. Burgos, *Sur la thématique d'Apollinaire, lapidaire herbier vestiaire, Guillaume Apollinaire,* n°8 Colloque de Varsovie 1970. Paris, Lettres modernes, 1969.

[59] M. Décaudin, *Apollinaire l'espace et le temps*, in Quaderni Francesi, Istituto Universitario Orientale, vol. 1, a cura di Enzo Giudici, 1970, pp. 667-677.

que la relation de celui-ci avec le temps et l'espace était le reflet de sa quête d'identité.

« Témoin figé de la vie, le passé ne cesse de s'éloigner en s'enrichissant et ne subsiste que dans l'illusion du souvenir, ce bien aussi précieux que décevant. Se souvenir, c'est voir ce qui a été soi et ne peut plus être ressaisi.

« Les cadavres de mes jours
Marquent ma route et je les pleure ».

Il en résulte une dissociation de soi avec soi, l'impossibilité de cette *identité* dans laquelle s'épanouirait la personnalité. L'alternance du *je* et du *tu* dans certains passages de *Zone* est moins un dialogue du poète avec lui-même que le constat et la conséquence de cette déchirure ».

Apollinaire est l'homme du présent. Il veut s'appuyer sur le passé, être à l'avant-garde pour défendre les traditions puisque par définition « l'avant-garde est la partie d'une armée qui marche en avant du gros des troupes », et si cette fraction d'armée est mise en avant c'est bien pour défendre l'armée placée en arrière. Cette expression *« l'avant-garde »* a pris le sens de mouvement audacieux, révolutionnaire, mais dans le cas d'Apollinaire, il faut se reporter au sens réel de la métaphore militaire. Apollinaire ne veut pas détruire le passé, il veut capter dans le présent tout l'apport du passé, mais aussi immobiliser l'instant présent. Le futur lui paraît dangereux car il va vers l'inconnu et il débouchera fatalement, un jour, sur la mort.

Beaucoup d'études ont montré qu'Apollinaire est un homme du présent. On pourrait les compléter utilement par une étude grammaticale du temps des verbes chez Apollinaire. L'étude d'autres textes va dans le même sens, mais je me limiterai ici à deux exemples.

Le poème *Zone* comporte 155 vers dans lesquels on dénombre 205 verbes. On constate que la majorité des temps (indicatif, conditionnel, participe) sont au présent. Le présent l'emporte donc à une majorité considérable.

Lisons, encore une fois, le poème *Cortège* : une première lecture laisse l'impression que le passé prédomine en raison de la répétition des vers :

« Un jour je m'attendais moi-même
Je me disais Guillaume il est temps que tu viennes ».

mais le décompte des vers montre une prédominance du présent. On compte 60 présents pour 89 verbes. Si l'on ajoute à ces verbes les 19 imparfaits (indiquant une action passée se prolongeant dans le présent), on arrive à un chiffre de 79 temps indiquant le présent sur 89.

Deux vers de *Cortège* :

« Et cette mer avec les clartés de ses profondeurs
Coulait sang de mes veines et fait battre mon cœur ».

montrent que tel était le désir d'Apollinaire puisqu'il utilise, dans la même phrase, pour désigner le temps qui s'écoule, l'imparfait « coulait », et le présent suivi de l'infinitif : « fait battre ». On doit s'interroger sur la rareté du passé simple.

On pourrait, en poursuivant l'étude grammaticale des poèmes, montrer la prédominance de ce que les grammairiens et les linguistes désignent par l'*inaccompli*, ce qui permet de penser qu'Apollinaire refusait l'achèvement, l'accomplissement qui aurait signifié la mort. Il lui faut donc toujours inventer, se saisir de ce qui est nouveau et le faire sien pour ne jamais se figer dans l'immobilisation du temps dont pourtant il a la nostalgie.

On ne peut maîtriser le temps et l'espace sans danger sur la page blanche dans et par l'écriture. Apollinaire va donc chercher encore et trouver une forme qui convienne mieux à son conflit inconscient. Le 15 Juin 1914, il fait paraître le premier poème idéogrammatique : *Lettre-Océan*, publié dans le numéro 25 des *Soirées de Paris*, et le 15 juillet plusieurs idéogrammes lyriques. Plus tard, le mot calligramme sera utilisé. Cette forme permettait mieux encore à Apollinaire de résoudre ses conflits dans l'écriture.

Le poète, en quête de son identité et craignant une dépersonnalisation, se construit dans les calligrammes qui condensent deux formes artistiques : d'une part le dessin, art de l'espace, où, d'un seul regard, on peut embrasser toute une page, d'autre part le poème, qui est à la fois art du temps lorsqu'il est récité et art de l'espace lorsqu'il est lu sur la page, mais sa lecture implique un déroulement temporel. Le poème calligrammatique implique alors une maîtrise simultanée du temps et de l'espace qui permet au Moi d'Apollinaire une meilleure organisation.

Dans le calligramme, Apollinaire fait une *saisie-arrêt*[60] du temps et de l'espace. Ce terme juridique rend bien compte de la tentative d'Apollinaire pour conjurer l'angoisse de vide, la crainte de la dépersonnalisation.

Jean Levaillant dans son étude sur les *Calligrammes* écrit :

« l'espacement et la distribution des lettres aura valeur d'espacement spatial dans ce *lyrisme visuel* que veut fonder Apollinaire. Plus même qu'une métaphore c'est en réalité une prise de possession de l'espace, une synthèse de la forme et du sens »[61].

Si Guillaume Apollinaire avait vécu davantage, il aurait sans doute poursuivi la quête de sa personnalité profonde à l'aide de toutes les techniques qui offraient des perspectives nouvelles à la poésie : la radiodiffusion, le cinéma. Il aurait sans doute utilisé la magie des techniques audiovisuelles.

On doit considérer le mot « *invention* », auquel il attachait tant d'importance, dans son double sens : inventer un trésor enfoui dans la terre depuis parfois des millénaires, et inventer de nouvelles techniques et des arts nouveaux.

---

[60] Le premier critique qui, à ma connaissance, a appliqué judicieusement cette expression à la littérature est Didier Anzieu dans son étude sur Alain Robbe-Grillet, parue dans la revue *Les Temps modernes*.

[61] J. Levaillant, *L'espace dans calligrammes, Guillaume Apollinaire*, 8, Colloque de Varsovie 1968, Ed. Lettres modernes, Paris, 1969.

Il n'a pas eu le temps de savoir « celui-là » qu'il était, pour reprendre son originale formule, mais le désir de se trouver l'a poussé, sans répit, à inventer pour rejoindre le double ou l'ombre qui le hantaient, pour se rencontrer enfin lui-même.

S'il a parfaitement réussi à créer une œuvre de grande valeur, a-t-il pour autant réussi sa vie privée ? Tantôt mal aimé, tantôt abandonnant sa fiancée (Madeleine Pagès), il se décida enfin à épouser Jacqueline Kolb, mais il mourut six mois plus tard. Il ignora que son épouse lui resterait fidèle pendant toute sa vie : elle disait qu'elle serait toujours « *madame Apollinaire* » et tint parole[62].

Si le Moi social a parfois achoppé devant les événements, le Moi créateur a réussi à merveille. L'écriture, notamment l'écriture poétique, perdura jusqu'aux derniers jours du poète qui, quelques heures avant sa mort, lançait ce bouleversant appel à son médecin : « Sauvez-moi docteur j'ai tant de choses à faire ! »

Il y a cependant un aspect tragique de ce conflit entre le Moi social et le Moi créateur. Ce double que le poète semble poursuivre ou plutôt qui le suit comme une ombre, ne serait-il pas un fantôme maléfique ? La figure paternelle, le père disparu serait-il revenu, à partir d'une certaine époque, hanter Guillaume et condamner son fils ?

---

[62] Propos que m'a rapporté son neveu Gilbert Boudar.

CHAPITRE VI

Le fantôme du capitaine

Quand Angélique de Kostrowitzky s'installa à Monaco Guillaume et Albert allèrent au collège Saint-Charles.

Lorsque le futur poète entra dans la salle de cours, ses vêtements, ses longues boucles le firent prendre pour une fille et lorsqu'il dit son nom, Guglielmo de Kostrowitzky, toute la classe partit d'un grand éclat de rire. On peut voir dans cet événement anecdotique une des sources des problèmes d'identité que le garçon aura plus tard, sa mère ayant peut-être souhaité avoir une fille, cependant la raison primordiale est l'absence du père.

Guglielmo manifesta un grand appétit pour la culture, il chercha avidement des figures d'identification dans les auteurs étudiés au collège. Très tôt, il décida de devenir écrivain, malgré sa mère qui souhaitait pour ses garçons des situations sérieuses et rentables. Lorsque, à l'adolescence, il vient à Paris avec sa famille, il rêve de trouver des modèles, il a une véritable fringale de figures d'identification culturelles et mythiques.

Sa première œuvre, commencée à 19 ans, *L'Enchanteur pourrissant*[63], traite, comme nous l'avons vu, du mythe de l'enchanteur Merlin, le fils d'une jeune fille et d'un diable, image des parents de Guglielmo, sa mère ayant été séduite par

---

[63] G. Apollinaire, *L'Enchanteur pourrissant,* in *Œuvres en prose*, *op. cit.*

un homme mystérieux qui disparut rapidement de sa vie et dont le garçon ignora probablement l'identité jusqu'à son adolescence. Il écrira plus tard ce vers, reflet du mystère de ses origines :

« Ton père fut un Sphinx et ta mère une Nuit ».

Lorsque le jeune homme commence à publier des textes dans des journaux et revues, il choisit tour à tour divers pseudonymes puis il choisit Apollinaire, qui condense son prénom ainsi que celui de son grand-père, Apollinaris, et le nom d'Apollon, dieu des arts dans la mythologie grecque. Sans doute l'enfant bâtard souhaite-t-il s'auto-engendrer en se donnant un nom, de plus en visant la célébrité il compte prendre une revanche sur son père.

Nous savons que Guillaume mettra en scène de nombreuses figures mythiques telles que le Juif errant, le Christ, Icare et Orphée, héros mutilés, torturés, au destin tragique et nous avons vu que les sujets ayant subi des carences parentales font appel plus que d'autres à des mythes[64].

Les poème, *La maison des morts*[65], témoigne de la nostalgie d'une figure paternelle sur laquelle sa personnalité aurait pu s'étayer.

Apollinaire est constamment hanté par le désir de construire sa personnalité sur celle des ancêtres comme en témoigne le poème *Cortège*[66].

On a vu combien il souhaitait avoir connu son père, et ses ancêtres, car son grand-père s'étant exilé avait rompu les contacts avec la Russie et la Pologne. Apollinaire s'est, à un

---

[64] A. Clancier, Mythe et biographie, in *Revue française de psychanalyse*, *Des Biographies*, 1988, LII,1, 51-65.

[65] A. Clancier, Mythe et biographie, *op. cit.*

[66] G. Apollinaire, in *Alcools,* in *Œuvres poétiques*, Préface d'André Billy, Textes établis et présentés par M. Adéma et M. Décaudin, Paris, Gallimard, Bibliothèque de la Pléiade, 1956.

moment, fait un blason évoquant un ancêtre qui aurait sauvé un roi de Pologne.

On peut se demander quelle est la figure d'identification la plus masquée, la plus inconsciente pour Apollinaire. S'agit-il d'un fantôme ? On pense à ces revenants dont Alain de Mijolla a dit, à propos de Rimbaud dans son étude sur « La désertion du Capitaine Rimbaud » : « ces êtres du passé qui peuvent revivre en nous, alors que tout avait été ordonné pour leur définitif effacement, nous les reconnaissons parfois à un reflet inhabituel de notre miroir, à un geste que nous sommes surpris d'avoir esquissé ; certains jours, une image ou un souvenir fugace viennent révéler leur présence, signe de ce que nous n'étions pas en trop mauvais termes avec eux. Mais tel n'est pas toujours le cas, et bien souvent ils réapparaissent à notre insu. Ils peuvent parler par notre bouche un langage anachronique et revivre au travers de nos comportements leurs actions de jadis, sans que notre conscience perçoive autre chose qu'un sentiment d'inquiétude, une impression d'étrangeté. Tout le monde risque alors de s'y laisser prendre, et il faut beaucoup d'attention pour entr'apercevoir un pan de leur suaire, une grande opiniâtreté pour s'y agripper et en dévoiler les mystères ». Mais ce ne sont pas de véritables revenants, ajoute-t-il, car « sous le drap fantomatique se dissimule le sujet lui-même, en proie à un fantasme d'identification inconscient ». Il montre que « si ces fantasmes peuvent représenter parfois pour le Moi une aide transitoire dans des passages périlleux de l'existence en attendant l'élaboration meilleure des conflits, ils peuvent être parfois l'indice d'une véritable *maladie de l'identification.* Et, pour quelques sujets, au contraire, leur installation quasi permanente a la signification d'un renoncement et d'un abandon d'identité condamnant ceux qu'il hante à survivre - parfois mourir - au nom d'un autre »[67].

C'est peut être cet « autre », ce fantôme qui provoquera la mort de Guillaume Apollinaire. Celui-ci devenu homme de

---

[67] A. de Mijolla, *Les Visiteurs du Moi, fantasmes d'identification, op. cit.*

lettres, comme il le souhaitait, collaborait à différents journaux et commençait à avoir une certaine réputation lorsqu'un événement malheureux survint. Un aventurier belge, Géry Pieret, qui avait fait parfois quelques travaux de secrétariat pour Apollinaire, avait volé des statuettes au Musée du Louvre. Un juge d'instruction accusa Apollinaire de complicité et le fit incarcérer pendant quelques jours, à la prison de la Santé. Comme le poète n'était pas encore français et portait un nom de consonance étrangère, la presse d'extrême-droite, publia des articles insultants à son sujet, le traitant de métèque et demandant qu'il soit expulsé de France. Heureusement ses amis obtinrent sa libération et empêchèrent son expulsion. Bien que le juge ait conclu l'affaire par un non-lieu Guillaume restera marqué par cet incident : lui qui avait adopté la France et la langue française, qui admirait tellement les écrivains français et voulait prendre place parmi eux, était humilié. Il avait tout fait pour trouver une patrie (sur son extrait de naissance il était inscrit Italien Russe), il lui fallait devenir français mais la naturalisation n'était pas facile à obtenir et il se trouvait confronté à la xénophobie.

Il ne semble pas que le revenant se soit manifesté dans la vie d'Apollinaire avant 1914. En regardant de près l'œuvre et les événements de sa vie, on ne trouve rien qui aille dans ce sens jusqu'à cette date, comme si la figure de ce personnage avait été puissamment refoulée ; c'est lorsque la guerre éclate qu'il semble se mettre en marche. Apollinaire a des comportements déconcertants à partir de la déclaration de guerre, en août 1914. Jusque-là, sa vie semblait entièrement centrée sur la littérature. Il avait bien quelques idées politiques, il avait ainsi pris le parti du Capitaine Dreyfus, mais il aimait surtout la langue et la littérature françaises, ce qui n'excluait pas la littérature allemande. Son voyage en Rhénanie, lorsqu'il fut précepteur chez Madame de Milhau, a laissé une trace durable dans sa mémoire et dans son œuvre.

Lorsque la guerre commence, Apollinaire, toutes affaires cessantes, multiplie les démarches pour s'engager dans l'armée.

Certains amis s'en étonnent et lui font remarquer qu'étant étranger il pourrait, comme Picasso, ne pas participer aux combats ou comme Serge Férat qui est russe, s'engager comme infirmier dans un hôpital dépendant du gouvernement italien. Non, Apollinaire veut être un combattant. Après un premier essai infructueux, il réussit à faire accepter une deuxième demande d'engagement, il fait son instruction à Nîmes dans le 38° régiment d'artillerie de campagne où on l'affecte à la 70° batterie.

La facilité avec laquelle cet intellectuel s'adapte à ce milieu nouveau, à des compagnons si éloignés de ses fréquentations habituelles, à ces tâches rudes « *de pansage, de gardes ou de corvées* », a frappé ses amis et ses biographes. Il vit dans l'euphorie, il a envie de « *crier son bonheur* » (...) : « *ce bleu de trente-quatre ans déborde de jeunesse* ». Il demande à suivre le peloton des élèves officiers, car il est soucieux d'obtenir un galon. D'abord élève brigadier, il suit des cours d'élève officier. Va-t-il retrouver les images de son père et de son grand-père Michel qui était officier en Russie ?

À cette époque Apollinaire sait peut-être que son père présumé avait été officier dans l'armée italienne. Un de ses amis a vu la photographie d'un officier dans la chambre de Guillaume, celui-ci, interrogé à ce sujet, répond : « *C'est mon père* ».

Une fois son instruction terminée, Guillaume est enrôlé dans l'artillerie et envoyé au front. Il exulte et il dépose une demande de naturalisation.

Malgré son âge plus avancé que celui des jeunes recrues, il s'adapte, là encore, très facilement à la vie du front. La mélancolie dont il est coutumier, si perceptible dans son recueil de poèmes *Alcools* , disparaît totalement dans les poèmes composés au front, la guerre est pour lui une merveilleuse aventure. On lui a reproché d'avoir écrit :» Dieu que la guerre est jolie ». C'était l'expression sincère de son émerveillement. Les lumières tracées dans le ciel par les fusées lui paraissaient de splendides feux d'artifices. Pourtant, il renonce à ces éblouissements et demande son affectation dans l'infanterie, ce qui va le mettre dans une situation pénible et dangereuse. Il n'a aucune hésitation. Il est sous-officier d'artillerie et il y a un motif apparemment rationnel à sa demande, cela lui permettra d'être naturalisé français plus vite et il lui faudrait être français pour devenir officier. Sa demande aboutit rapidement.

Le 20 novembre 1915 il est promu, à titre temporaire, sous-lieutenant au 96° régiment d'infanterie. Il a obtenu l'arme et le grade qui vont lui être fatal.

Il rejoint son nouveau régiment et quelques jours après il monte en ligne. Il va découvrir que la guerre n'est pas toujours jolie. Il écrit dans une lettre du 3 décembre 1915 :

« Ce sont d'épouvantables tranchées que le dégel fait s'écrouler. La boue est excessive et j'ai compris ce que l'on éprouve quand on s'enlise. La vie du fantassin du front, officier, sous-officier ou soldat, est ce qu'il y a de plus mystérieux au monde, de plus désolé et de plus héroïque. Et je vous fais grâce de ce qu'est la guerre même dont l'horreur, le mystère et la sauvage beauté sont indescriptibles ».

Dans le reste de la lettre, il continue à exprimer des sentiments ambivalents envers la guerre à la fois terreur, angoisse et fascination.

Un de ses camarades de peloton, Emile G. Léonard, le décrit en ces termes : « en treillis, fort, ondulant, bon enfant, populaire à cause de sa jovialité, de sa générosité, de ses histoires »[68]. Il lit des poèmes à ses camarades, il écrit des calligrammes.

Apollinaire écrit que, pour lui, l'artillerie est maintenant une arme de « grand-père et d'eunuque », et l'infanterie « la seule intéressante et tragique ».

Cette phrase attira mon attention et me fit pressentir une raison à la demande d'affectation dans l'infanterie. Mon

---

[68] E. G. Léonard, *Guillaume Apollinaire et l'Italie pendant la guerre,* G. Cresta, Gênes, 1934.

hypothèse fut la suivante : le grand-père Michel de Kostrowitzky était capitaine d'artillerie mais le père du poète devait être un officier d'infanterie et son fils le savait.

Grâce à sa patiente enquête, Marcel Adéma a pu faire une hypothèse sur l'identité du père d'Apollinaire[69]. Il s'agirait d'un aristocrate italien, Francesco Flugi d'Aspermont, officier dans l'armée de son pays. Apollinaire avait donc deux figures d'identification militaires : son grand père et son père.

Il semble que le désir primordial du poète ait été de devenir officier, si l'on étudie de près les événements de sa vie et sa correspondance. En effet, lorsqu'il eut terminé ses classes et qu'il eut suivi le peloton des élèves officiers dans le but d'être nommé aspirant, il s'aperçut qu'il ne pouvait pas devenir officier s'il n'était pas français ; c'est alors seulement, en janvier 1915, qu'il déposa une demande de naturalisation.

Il ne savait pas qu'il avait rendez-vous avec un fantôme. Pour détecter celui-ci il nous faut revenir au mot « officier » sous lequel se cachait un mystère, celui du sphinx. La famille maternelle d'Apollinaire comptait de nombreux officiers. On conçoit donc facilement que le poète ait souhaité atteindre le grade de son grand-père, capitaine de l'armée du Tsar, mais pourquoi tenait-il à être dans l'infanterie qui n'était pas l'arme de son aïeul ?

Dans l'espoir de lever un pan du mystère, je m'adressai à Marcel Adéma et lui demandai s'il pouvait m'indiquer l'arme et le grade de Francesco Flugi d'Aspermont. Il consulta ses fiches, elles indiquèrent : « Capitaine d'infanterie ». La motivation inconsciente était donc de rejoindre le père, de l'égaler, voire de le dépasser. La culpabilité, liée à l'agressivité intense envers celui qui l'avait abandonné, l'amenait à s'engager dans une voie fort dangereuse. Peu après, en 1916, Apollinaire fut blessé à la tête. Trépané, il se remit difficilement.

Affecté à Paris au service de la censure, Apollinaire contracte une congestion pulmonaire dont il a du mal à se

---

[69] P. M. Adéma, *Guillaume Apollinaire,*Paris, La Table Ronde, 1968.

remettre. Il vient de rencontrer une amie, Jacqueline Kolb, dont le fiancé est mort au front et qui reporte sa tendresse sur le poète qu'elle soigne avec dévouement.

Apollinaire, quoique très fatigué, continue à écrire. Il fait jouer une pièce *Les Mamelles de Tirésias*[70].

Apollinaire est l'inventeur du mot « surréaliste », utilisé là pour la première fois, mais dans un tout autre sens que celui que nous lui donnons.

Il a beaucoup de projets, de nombreux textes à écrire, et le 2 mai 1918 il épouse Jacqueline Kolb, la « jolie rousse » à laquelle est consacré le dernier poème de *Calligrammes.*

Au mois d'août il prend quelques jours de vacances avec Jacqueline sur une plage du Morbihan. Il écrit toujours : un livret d'opéra, différents textes dont un ouvrage qui est annoncé sous le titre *Les clowns d'Elvire ou Les caprices de Bellone.* Il se hâte de créer comme si ses jours étaient comptés. Il semble toutefois, selon Jean Burgos, que son écriture ait changé et n'ait plus la même qualité qu'auparavant.

Au début de novembre, Apollinaire contracte la grippe espagnole dont il meurt, le 9 novembre 1918, à l'âge de trente-huit ans. On sait que les sujets jeunes et vigoureux guérirent de cette maladie mais que les jeunes enfants, les vieillards et les sujets débilités ne résistèrent pas. Le corps médical considéra que la grande fatigue d'Apollinaire à la suite de sa blessure avait été à l'origine de sa faiblesse devant la maladie, aussi fut-il déclaré mort pour la France.

Peut-être, comme Rimbaud, Apollinaire était-il condamné à « mourir au nom d'un autre », son père ayant disparu (probablement assassiné) sans laisser de trace lorsqu'il partit en Sicile pour s'embarquer pour le Brésil. Sa famille, lasse de ses frasques, lui avait remis une importante somme d'argent et des lettres de créance pour les autorités brésiliennes. On n'eut jamais plus de nouvelles de lui ; d'après les recherches de P.M.

---

[70] G. Apollinaire, *Les Mamelles de Tirésias*, in *Œuvres poétiques, op. cit.*

Adéma, Apollinaire l'a probablement su. Le père était désormais devenu un fantôme.

Le désir de retrouver ce fantôme et de se mesurer avec lui fut sans doute fatal pour le poète. La pulsion de mort se mit en marche chez lui dans les deux dernières années de sa vie et le mena inéluctablement à sa perte.

CONCLUSION

Après avoir décelé les traces de l'inconscient d'Apollinaire dans ses œuvres, j'ai essayé de déceler aussi les raisons pour lesquelles j'ai consacré tant d'années à étudier ses textes.

Aujourd'hui je pense que c'est grâce à mon contre-texte fait d'empathie, voire de tendresse pour cet enfant frustré d'une présence paternelle et ayant une mère caractérielle, relativement aimante mais préférant le petit frère du poète qu'elle considérait comme supérieur à Guillaume, cet enfant mal aimé comme il l'a si bien dit lui-même.

À ces sentiments s'ajoute l'admiration pour le courage qui lui a permis de surmonter ces épreuves et pour la qualité d'une œuvre exceptionnelle qu'il retravaillait sans cesse.

Je ne suis pas seule à éprouver cela : tous les admirateurs du poète - professeurs, exégètes des œuvres ou amateurs de poésie - disent qu'ils ont subi le charme du poète ; il a des failles, mais dès qu'on se plonge dans son œuvre, on est séduit.

Au fur et à mesure que j'approfondissais ma connaissance d'Apollinaire, je saisissais plus clairement les problèmes de mon patient Marcos, et réciproquement le comportement de celui-ci me dévoilait la part secrète de Guillaume. De même, mes observations sur le langage de mes patients adultes et enfants - partagé entre je, tu, il, on - me permettaient d'analyser le langage nouveau d'Apollinaire, notamment son utilisation du dédoublement, voire de la multiplicité des personnages à l'intérieur d'une seule et unique personne.

L'exercice de la psychocritique m'a donné des clefs valables à la fois sur le plan de l'œuvre et sur celui de la vie du poète.

Loin de réduire l'écrivain à ses problèmes, à ses conflits, l'analyse des œuvres et de la biographie déclenche sympathie et admiration.

Le poète n'a pas toujours besoin de la psychanalyse pour élaborer ses conflits inconscients. Pierre Luquet, dans ses travaux sur la fonction esthétique du Moi, a montré que la personnalité du créateur a une organisation spécifique : « une fonction particulière peut s'organiser lors du développement de l'individu et orienter ce développement d'une manière telle que la personnalité utilisera de préférence les processus issus des processus primaire de la pensée (...) en respectant suffisamment les éléments de structuration secondaire pour éviter de tomber dans une organisation pathologique de la vie mentale ».

Il donne à ces processus, intermédiaires entre les processus primaires et les processus secondaires, le nom de *métaprimaires*. D'autre part, il précise que, si l'on peut se livrer à une étude enrichissante de « la relation objectale de l'artiste à l'intérieur de l'œuvre et spécialement dans la forme », on ne peut être certain d'atteindre ainsi « ce qui spécifie l'artiste, surtout si celui-ci n'est pas figé dans une relation objectale prégénitale ». Un Moi évolué, écrit Pierre Luquet, n'a pas « une relation d'objet mais de multiples, caractérisées tant par le niveau pulsionnel que par les formes organisatrices[71] ».

Cela peut expliquer les différentes facettes du poète, la diversité de ses œuvres.

Malgré sa mort précoce, Apollinaire a réussi à être l'un des grands poètes de la première moitié du vingtième siècle. Pour construire son Moi, il a construit une œuvre, d'une part en s'appuyant sur la tradition, d'autre part en inventant des formes nouvelles.

---

[71] P. Luquet, *La fonction esthétique de la personnalité et son rôle structurant*, In *Entretiens sur l'art et la psychanalyse*, Colloque de Cerisy 1962, dirigé par A. Berge, A. Clancier, P. Ricoeur, Paris, La Haye, Ed. Mouton, 1968.
et « Ouverture sur l'artiste et le psychanalyste : la fonction esthétique du moi », *Revue française de psychanalyse,* 1963, 27, n°6, 585-618.

P.M. Adéma a dit qu'on ne peut s'empêcher « *de l'aimer comme une femme* ». Les groupes d'études qui se sont formés autour de son œuvre ne sont pas dus seulement au talent du créateur. Il a cherché durant sa vie à avoir des amis, à les *charmer*, à encourager les jeunes poètes et les artistes.

Philippe Soupault me disait, en 1979, qu'il avait été très touché de l'accueil d'Apollinaire grâce auquel son premier poème avait été publié, et il ajoutait : « Vous savez sa devise était « j'émerveille », eh bien il était merveilleux, c'était extraordinaire. Il n'avait aucune envie des autres »[72].

Guillaume Apollinaire a souhaité nous *enchanter* après sa mort. Il y réussit pleinement.

C'est à nous, à sa postérité, qu'il a permis de savoir qui il était : l'Enchanteur, inventeur de lui-même.

---

[72] Ph. Soupault, Entretien avec Anne Clancier, 1979, in *Philippe Soupault, l'ombre frissonnante*, Colloque de l'I.C.P., Paris, Jean-Michel Place, 2000.

À la decouverte de Jacqueline Apollinaire

Entretien avec Monsieur Gilbert Boudar, à propos de sa tante Jacqueline Apollinaire

Jacqueline Apollinaire est née dans la commune de Le Tholy, canton de Remiremont, arrondissement d'Epinal, département des Vosges le 26 septembre 1891 à une heure. Elle se nommait Amélia, Emma, Louise Kolb.

Son acte de naissance porte la mention, mariée le 2 mai 1918 à Guillaume Kostrowitzky.

Gilbert Boudar - Ma grand-mère, la mère de Jacqueline, est décédée assez tôt. Elle a eu quatre enfants : Alice, ma mère qui était la cadette, un fils Fernand mort à la guerre, enterré à Abbeville. Il y a eu ensuite Amélia, appelée plus tard Jacqueline, la dernière était Marthe Kolb, ma seconde tante qui a vécu par la suite à Bruxelles, puis à Waterloo.

Après le décès de sa première épouse, le père s'est remarié, avec une femme qui était une belle-mère assez méchante, d'après ce que j'ai compris et qui a eu avec Emile Kolb d'autres enfants qui étaient donc les demi-frères et demi-sœurs de ma mère et de ma tante. Il y en a eu plusieurs, je ne sais pas combien. Il y a eu des morts nés. Donc il y a eu beaucoup d'enfants dans cette famille.

La discipline était très dure. Ma mère me disait qu'elle se cachait sous la table quand il y avait quoi que ce soit qui n'allait pas et c'était assez fréquent. Evidemment les enfants du premier lit n'aimaient pas leur belle-mère qui ne les gâtait pas. Elle cachait les pots de confiture, ce dont les enfants se souviennent.

Ma mère paraissait assez craintive, il n'y avait pas trop d'histoires à son sujet, l'enfant le plus récalcitrant était Jacqueline.

Jacqueline était très vive, elle répondait fréquemment, ma mère me disait qu'une fois mon grand-père l'avait saisie et l'avait jetée au plafond tellement il était furieux.

Jacqueline Amélia, était très débordante. Elle avait beaucoup de caractère. Elles se débrouillaient toutes les trois. La tante Marthe était beaucoup plus prudente, craintive, elle n'avait pas du tout le même caractère que Jacqueline.

Jacqueline était rousse, les autres étaient brunes, c'était la seule qui soit rousse.

A. C. - Est-ce qu'elle en a souffert ? Autrefois il y avait un préjugé contre les roux. Apollinaire l'a au contraire valorisée. J'avais une tante rousse et toute sa famille la rejetait.

G. B. - Non, je ne pense pas. Mais la vie de ces enfants était très dure parce qu'il fallait qu'elles fassent tous les travaux que la mère ne voulait pas faire, qu'elles s'occupent d'elles-mêmes et elles ne mangeaient pas toujours à leur faim.

Le père travaillait dans une usine, peut être une usine de tissage. Il y avait des grandes roues et il était très qualifié. Il était estimé de son patron.

A. C. - C'était dans quelle ville ? toujours au Tholy ?

G. B. - Le père a été nommé à Chatel, à côté. Jacqueline est née au Tholy mais ils ont procédé à quelques déménagements. Ma mère est née à Chatel, ce sont deux cités attachées l'une à l'autre. Par la suite je retrouverai des détails.

A. C. - Selon le travail, le père changeait peut être d'endroit ?

G. B. - Il faut dire que la vie ancienne, c'était très triste lorsque ma mère m'en parlait. Alors je n'ai pas beaucoup approfondi. Ma tante n'en parlait jamais. Le passé, pour moi, n'était pas comparable, mais je n'aimerais pas retourner en arrière.

A. C. - Quelles études a fait votre tante ?

G. B. - Les enfants allaient à l'école. Ma mère me disait que Jacqueline était une bonne élève. Mais par la suite, il y a de longues années de mystère. J'en sais plus sur ma tante Marthe de Belgique.

Elles sont venues à Paris, je ne sais plus dans quelles circonstances. La tante Marthe est allée à Bordeaux, elle a été malade, elle a été dans un hôpital de Bordeaux, elle a connu un homme, un Belge et elle est partie à Bruxelles. Je crois qu'ils se sont mariés à Bruxelles, mais je le saurai en regardant les papiers.

J'ai aussi des tas de lettres que ma tante m'a laissées. Ma tante Marthe était une femme très religieuse. J'ai découvert par hasard, en préparant votre venue, ce matin, que mon oncle, je le savais mais cela m'a été confirmé, était le Baron de Sternbach. Sa famille était alliée à une famille de Hollande. J'ai gardé d'excellents souvenirs d'eux, surtout quand j'étais collégien. Ils m'avaient invité à Bruxelles et l'oncle m'avait fait visiter la ville. Nous allions dans le bois de la Cambre. Ils m'emmenaient dans des salons de thé. C'était pour moi le rêve.

Mon oncle est décédé pendant la guerre. Ma tante Marthe tenait un magasin de confection, un assez grand magasin, chaussée de Waterloo à Bruxelles, je crois que c'était au 585. Au décès de son mari, elle ne pouvait pas assurer ce travail, elle a vendu le fonds et elle est partie dans une institution religieuse après d'autres déménagements dans d'autres appartements, d'autres localités avoisinantes. Cette institution religieuse se tenait à Waterloo où je me suis rendu fréquemment pour lui rendre visite après le décès de ma tante Jacqueline. J'étais plus libre et j'ai pu aller la voir tous les ans. Elle avait une petite chambre, elle a été très peinée de la mort de sa sœur. Elle, j'ai pu la suivre et me rappeler ses étapes principales, Bordeaux et Bruxelles, puis Waterloo.

A. C. - Mais Jacqueline ? On ne sait pas ?

G. B. - Jacqueline, a-t-elle quitté les Vosges pour Paris plus tôt ? C'est probable parce qu'elle était plus âgée que ma mère.

Ma mère, elle, s'est trouvée dans un milieu d'infirmiers, elle a connu des gens et par le mari de la sœur de mon père elle a pu travailler à l'hôpital psychiatrique Sainte Anne. Tous les deux y travaillaient. La famille de mon père travaillait là aussi. Mon père était chef infirmier, mon oncle également, le mari de sa sœur et sa sœur étaient aussi à Sainte Anne. J'ai connu Sainte Anne, j'y allais comme si je me rendais chez moi. Ma tante y habitait. Je fréquentais les malades, je les connaissais. Elles me racontaient leurs histoires. Il y en a une qui me donnait des tapis parce qu'elle était tapissière. Elle avait de superbes laines, vous savez la bobine, les chaînettes. J'étais émerveillé par les couleurs de ces laines, c'était de la très bonne laine de tapissier.

A. C. - Quand votre tante s'est-elle fait appeler Jacqueline ? Pourquoi a-t-elle changé de prénom ? Est-ce elle qui a voulu changer ?

G. B. - Je ne sais pas.

A. C. - Dans la famille l'appelait-on par son premier prénom, Amalia ?

G. B. - Ma mère a toujours parlé de Jacqueline, elle n'a jamais dit Amélia. Jacqueline a dû se prénommer ainsi assez tôt. Elle n'hésitait jamais, c'était toujours Jacqueline.

A. C. - Peut-être, un jour, a-t-elle décidé de changer de prénom.

G. B. - Oui, probablement. Entre le temps où elle a quitté les Vosges pour aller à Paris et son mariage je ne sais pas trop ce qu'elle a fait. Quel était son bagage de connaissances, je l'ignore aussi. Je dois dire que j'ai entendu plusieurs sons de cloche. On a dit qu'elle avait travaillé dans un restaurant mais on a dit aussi qu'elle avait été infirmière.

Elle a fréquenté le milieu littéraire assez tôt, mais là c'est le mystère. Elle a connu Apollinaire. On raconte qu'un jour, en 1917, elle sortait d'un magasin quand elle a rencontré Apollinaire, avec son bandeau à la tête, sur le trottoir.

A. C. - On dit qu'elle l'avait déjà rencontré avant la guerre.

G. B. – Oui, il la connaissait, puisqu'en 18 il l'avait envoyée en vacances en Bretagne mais en 17 aussi, donc ils se connaissaient probablement déjà avant.

A. C. - Donc elle le rencontre en sortant d'un magasin ?

G. B. - Oui, mais le magasin, c'est 1917. On a dit aussi qu'elle tenait un carton de chaussures.

A. C. - Elle n'en parlait pas ?

G. B. - Non, elle était mystérieuse, très discrète et je ne me permettais pas de lui demander quelque chose.

Elle ne me parlait guère de son passé, étant enfant j'en avais pris l'habitude. C'était l'époque où les enfants ne parlaient pas à table. Ma tante recevait beaucoup d'amis, moi j'écoutais mais je ne posais pas de questions. Vers la fin du repas, quand j'avais terminé, je demandais à ma tante la permission de pouvoir quitter la table, c'était un acte de courage. J'étais récompensé parce que je filais chez les voisins, là c'était la nature, la campagne, les paysans et j'étais beaucoup plus libre.

A. C. - C'était en Touraine ?

G. B. - Oui surtout en Touraine. Chaque année elle changeait, elle est allée en Bretagne, puis à Chandon, près d'Amboise. C'était bien avant la guerre.

A. C. - Elle louait une maison ?

G. B. - Oui, c'était des locations, à l'année. Elle y allait fréquemment. Elle emportait des tableaux du boulevard Saint-Germain pour les installer là bas, parce que c'était chez elle.

Elle aurait aimé l'acheter, je ne sais pas si le propriétaire était d'accord. Mais je sais qu'elle a regretté de ne pas l'avoir achetée parce qu'après le décès de l'ancien propriétaire la fille de celui-ci a hérité. Elle a voulu garder cette propriété, une belle maison du XVI°, avec un parc, on apercevait la Loire.

On ne sait pas trop comment ma tante est venue à Paris, mais elle a connu le milieu artistique.

Sans que je le lui demande, elle m'a parlé un jour d'un fiancé qu'elle a connu avant Apollinaire, Jules Gérard Jordens, un homme de lettres d'origine belge probablement, écrivain et poète. Elle m'en a parlé, à brûle pourpoint, chez elle, après la guerre.

Ma tante était à Paris, j'étais comptable et je lui rendais visite après le travail, en fin d'après midi. Un jour elle me parle de ce fiancé mais je ne sais pas s'il y a eu une confusion, si j'ai mal compris. Elle m'a dit que le père de ce fiancé était général, elle a prononcé le nom de Grandoiseau, mais je n'ai pas retrouvé de traces de ce nom là. Je crois qu'en effet le père de Jules Jordens avait un grade élevé, j'ai lu cela quelque part. Elle a connu ce fiancé dont elle m'a parlé. J'étais un peu surpris mais j'écoutais ce qu'elle me disait sans trop d'émotion, à la manière anglaise. Ce poète a été tué au bois des Buttes, là où Apollinaire a été blessé, il avait un ami à qui il avait écrit que, s'il était tué à la guerre, il fallait qu'il transmettre de sa part à Jacqueline son sentiment profond et quelques meubles qu'il avait. Je ne sais pas si cela a été fait. Jacqueline et Guillaume avaient très peu de meubles; les quelques meubles du boulevard Saint Germain venaient de la mère d'Apollinaire.

Il y a autre chose dont je me suis aperçu il y a environ 4 ans. Il y avait un tableau boulevard Saint-Germain, dissimulé derrière un meuble, dans le pigeonnier. Il y avait d'ailleurs beaucoup de tableaux, n'importe où, et comme ma tante ne faisait pas de commentaires je ne savais même pas qu'ils étaient là, par exemple il y avait un Larionov, un peintre rayonniste, qui se trouvait dans les toilettes. Il n'y avait pas beaucoup de place pour les souvenirs.

Ma tante n'aimait pas non plus les photographies, c'était le passé pour elle. On n'a même pas retrouvé de photographie du mariage.

J'ai la photographie du mariage du fils de Paul Fort, avec, je crois, la fille de Severini, Apollinaire y avait assisté, mais de son mariage à lui il n'y a rien.

A. C. - J'ai vu une photo de cette époque, sur le balcon.

G. B. - Et encore, ce balcon, vous savez, ce n'est pas présenté de la même façon parce qu'il y avait une porte-fenêtre et une petite fenêtre. Regardez là on voit deux fenêtres côte à côte. Y a-t-il eu des transformations, je ne sais pas.

A. C. - C'est la seule qu'on ait de cette époque, où ils sont ensemble ?

G. B. - Oui, il y en a deux mais à peu près semblables.

A. C. - On ne sait pas qui a pris la photo ?

G. B. - Non.

A. C. - Mais forcément quelqu'un les a pris.

G. B. - Tout le monde est d'accord pour dire que c'est son domicile à lui.

A. C. - Il faut aller voir sur place avec les photos.

G. B. - On ne peut pas. J'ai fait mettre une grille parce que j'ai été visité par les toits.

Je reviens à ce tableau que j'ai découvert. Je l'apporte dans la chambre à coucher, au 202 bd Saint Germain, je regarde attentivement, c'est un grand médaillon rond. Il y a un paysage et un visage féminin de profil, et alors instinctivement je me suis dit, ce doit être ma tante de profil. Je ne l'avais jamais examiné à ce point là.

A. C. - Avec les cheveux roux ? Vous l'avez toujours ce tableau ?

G. B. - Oui. Je l'ai regardé, je l'ai amené ici, je l'ai posé là et avec les jeux de lumière, j'ai essayé de regarder. Il y avait quelque chose d'écrit. La première fois j'ai lu un nom anglais ou américain, un double nom, je ne me souviens plus, je l'ai noté, je vous le dirai. Un peu plus tard, je l'ai regardé à nouveau et là j'ai vu : 1912, et ce qui m'a encore plus surpris, c'était pâle mais avec les jeux de lumière, j'ai lu Ruby.

A. C. - On appelait votre tante Ruby. Elle est née en 1891, donc elle avait 21 ans.

G. B. - J'ai fait la connaissance de quelqu'un récemment à qui j'en ai parlé et qui m'a dit je regarderai, je lui avais dit vaguement le nom, je regarderai si on trouve un peintre de ce nom, peut-être américain.

À Giverny où vivait Claude Monet, beaucoup de peintres américains se sont installés, j'ai regardé les noms et je vais voir. Un de ces peintres a peut être connu Jacqueline.

A. C. - Il faut faire des recherches, s'il a été un peu connu on le retrouvera.

G. B. - Je verrai dans quel milieu ma tante vivait à ce moment là.

A. C. - Elle a tout de suite été attirée par la littérature et les arts ?

G. B. - Oui, elle a donc connu Apollinaire, elle est allée passer des vacances près de Musillac en Bretagne près du biographe Marcel Adema. J'y suis allé en tandem avec ma femme du vivant de ma tante. Elle était avec l'amie de Serge Férat. Parfois Apollinaire dans ses lettres lui disait de ne pas la fréquenter.

A. C. - Ce n'était pas la Baronne d'Œtingen ?

G. B. - Non, c'était une autre, je vous donnerai le nom.

A. C. - Je pourrai demander à la femme de Pierre Albert-Birot qui a beaucoup d'archives.

G. B. - Jacqueline a vécu peu de temps avec Apollinaire puisqu'il est décédé le 9 novembre 1918, dans ses bras, à 5 heures de l'après- midi, boulevard Saint-Germain. Après, ma tante a eu des ennuis avec la mère d'Apollinaire, Madame de Kostrowitzky, qui avait fait mettre les scellés dans l'appartement pendant que Jacqueline était sortie Quand elle est revenue, elle était avec ma mère, à elles deux, elles ont fait retirer les scellés.

Chose curieuse, le frère d'Apollinaire est décédé peu de temps après au Mexique dans des conditions mystérieuses, puis sa mère est décédée de la grippe espagnole ainsi que son ami Jules Weil. Weil est mort le premier et elle trois jours après. Elle avait 60 ans et lui 49 ans. Il n'y a pas longtemps que j'ai vu cela, par hasard.

J'étais allé avec Michel Décaudin voir la tombe à Chatou il y a quelques années ; à la suite de cela j'avais écrit à l'Administration du cimetière pour savoir si je pouvais retrouver les témoins du décès. On m'a dit que non, il y avait un registre mais, comme un fait exprès, malheureusement la page était déchirée. Le mystère persiste toujours.

A. C. - Qui entretient la tombe ?

G. B. - Je ne sais pas, on a eu du mal à voir le nom, on l'a déchiffré en grattant, mais c'est à perpétuité.

A. C. - Mais il faut renouveler sinon il n'y aura plus rien un de ces quatre matins. Il faut se manifester....

G. B. - Apollinaire est décédé en 1918, Jacqueline a eu autour d'elle pas mal d'amis. Serge Férat entre autres. Je sais que Serge avait son amie la baronne, mais il essayait de fréquenter ma tante. Il lui a fait des dessins avec des lettres, c'était un amoureux délaissé, l'amoureux transi, mais il l'a suivie longtemps. Je me souviens : à Chandon il était venu une année. Il y avait sa chambre et une fois il est apparu comme un officier russe. On sentait une fierté en lui. Il m'avait proposé - c'était au moment où ma fille aînée était nourrisson encore -, il m'avait promis d'en faire le portrait. Nous sommes revenus à Paris au moment de la Pentecôte, par la suite je n'ai plus eu l'occasion de le revoir et ça ne s'est pas fait. Au moment de la mort de Guillaume, il avait essayé de constituer un Comité pour faire une tombe à Apollinaire. J'ai retrouvé une note à ce sujet.

Par la suite il y a eu le fameux menhir qui constitue la tombe.

A. C. - Qui l'a choisi ? Vous ?

G. B. - Oui, il y a un menhir et il y a l'idée d'avoir laissé deux bandes de terre ce qui permet de mettre des fleurs naturelles.

Une fois, après le décès de ma tante, à Orsay j'avais pris du lierre sauvage qui poussait très bien, l'idée m'était venue de le planter des deux côtés dans de petits pots, des deux côtés du menhir. Par deux fois cela a été arraché, cela ne plaisait pas à quelqu'un, alors je me suis dit, après tout c'est un menhir, il sera englouti sous la verdure, alors laissons faire.

A. C. - Le lierre détruit la pierre.

G. B. - Sur cette tombe je trouve un peu de tout, une fois j'ai trouvé un litre de vin rouge vide mais au fond il y avait un mot gentil pour Apollinaire.

Une autre fois j'ai trouvé un livre, qui était là depuis quelques jours, la pluie était tombée, il était un peu défraîchi. Il y avait quelques petites araignées, et c'était un livre écrit en hébreu, un livre de poèmes, avec une adresse de Tel Aviv et une dédicace pour Apollinaire. J'ai écrit, on m'a répondu en anglais et j'ai envoyé un livre de poèmes, *Alcools*.

A. C. - Apollinaire communique encore avec les gens par votre intermédiaire, c'est touchant.

G. B. – Oui, on trouve sur la tombe des tiges que l'on brûle, comme dans les milieux hébraïques, des bougies. Une fois j'ai trouvé un oiseau mort, avec des fleurs, enveloppé dans du papier d'étain. Cela, je n'ai pas compris.

A. C. - C'est sûrement symbolique.

G. B. - Il y a des pierres aussi qui sont posées.

A. C. - Autrefois on n'avait que des pierres à mettre sur les tombes.

G. B. - Une fois j'ai trouvé une photo avec un mot : « Apollinaire sans toi je ne peux pas vivre » ou quelque chose comme cela. La photo d'un homme jeune.

A. C. - Quelqu'un qui voulait se suicider peut-être.

G. B. - Quand j'y vais il y a toujours du monde, et des dames qui sont là pour promener leur chien. J'étais avec une amie, il y a peut être deux ans de cela. J'avais mis des fleurs et j'étais parti pour chercher de l'eau, arrivent deux jeunes dames vêtues de noir. Elles lisent le poème, l'une parle de Louise de Coligny-Chatillon et elle dit « Oui, et maintenant c'est Jacqueline. Comme tous les hommes c'est un filou ». Et mon amie a pris la parole pour dire : « Pardon, c'est qu'il ne connaissait pas Jacqueline à ce moment là ». Elle a défendu Apollinaire.

A. C. - Elle a défendu sa mémoire, c'était très bien.

J'ai été au cimetière de Passy voir la tombe de Louise de Coligny-Chatillon. Il y a aussi Toutou, son fiancé. Elle l'aimait sincèrement. Il est mort jeune et elle est morte très âgée, mais elle a voulu être enterrée près de lui.

G. B. - Elle était donc fidèle à cet homme. Elle n'a peut-être pas été infidèle à beaucoup.

Quant à Marie Laurencin, elle est au Père Lachaise, elle aussi, pas loin de l'entrée.

A. C. - Chez Jacqueline Apollinaire, avez-vous rencontré beaucoup de ses amis ?

G. B. - Oui, il y avait toujours beaucoup d'amis près d'elle. Elle me prenait pour les deux mois de vacances. J'ai des photos avec un petit chat dans les mains, dans l'Yonne, elle connaissait déjà Monsieur Mercier qu'elle appelait Pépère. C'était un peintre paysagiste qui a connu, je crois, Apollinaire et dont le père était sculpteur, il y a des œuvres de lui au Luxembourg. Le fils s'appelait Fernand. Il a suivi ma tante jusqu'à sa mort à lui. Etant petit, je l'aimais bien, il venait chez ma tante et il connaissait aussi une femme qui était châtelaine d'un domaine en Sologne. Ces deux femmes ne s'aimaient pas. Jacqueline n'aimait pas Madame Archambault et vice versa, mais lui, il allait de l'une à l'autre. C'était un homme charmant, modeste et un peintre de talent.

A. C. - Avez-vous des tableaux de lui ?

G. B. - Oui, il avait un frère, mais moins intéressant, plus intéressé, alors que lui ne l'était pas.

Etant enfant mon rêve était d'entrer dans son atelier et de sentir ses peintures. J'essayais aussi, quand il partait dans la nature avec son chevalet et ses pinceaux, de le suivre, comme dans la jungle, mais dès qu'il m'apercevait il me chassait.

Il y a eu Arthur Johnson qui était officier, un Canadien britannique. Il revenait souvent à Paris pour voir ma tante. Elle avait gardé l'appartement du boulevard Saint Germain mais ils avaient loué un appartement rue de l'Université, trois étages, non loin de la rue Saint-Guillaume. Il faudrait que je retrouve le numéro. On arrivait par des escaliers de marbre blanc, il y avait une vaste bibliothèque. On montait un étage, c'était la salle à manger avec des meubles d'acajou et on apercevait la bibliothèque, on montait encore un étage et là haut c'était une chambre, une belle terrasse rectangulaire, la cuisine et l'escalier de service un peu plus bas.

Jacqueline y a habité, Johnson avait sa chambre, elle avait la sienne. Elle faisait une citronnade l'été, il y avait des parasols.

A. C. - Elle a toujours gardé le boulevard Saint-Germain ?

G. B.- Toujours. Il y a eu aussi beaucoup d'autres amis. Je me souviens quand nous étions en vacances, il y a eu le Docteur

Montagut celui qui a fabriqué un sirop, le sirop Montagut. Il venait souvent la voir avec sa femme. Il y avait André Billy et sa femme, et aussi un ingénieur de chez Voisin qui venait avec une amie. Il y avait toujours beaucoup de monde à table et ma tante était une excellente cuisinière. C'était un cordon bleu. Je n'ai plus eu l'occasion de sentir la bonne odeur de la cuisine qu'elle faisait, une cuisine raffinée.

A. C. - Apollinaire qui était gourmand a dû se régaler.

G. B. - Il y avait d'autres personnes, ces gens là discutaient de tout, de peinture notamment. Je me souviens parfois d'exclamations au sujet du nom d'un peintre, mais vous savez, je ne pouvais pas participer, c'était pour moi un monde étrange et tellement différent de la vie que je menais chez mes parents. C'était un autre monde.

A. C. - Au fond, Jacqueline a toujours voulu se créer un monde différent, c'est probablement pour cela qu'elle est partie seule à Paris et qu'elle s'est mise à fréquenter des artistes.

G. B. - Ah oui ! Elle avait l'esprit parisien. Je me souviens, plus tard, à Chandon, elle me racontait qu'un employé du gaz était venu parce qu'il y avait eu des perturbations dans les compteurs. Il faisait une enquête pour savoir s'il y avait eu quelque chose dans le compteur de Jacqueline. Alors elle lui a dit : « Mais voyons est-ce que j'ai une gueule à trafiquer le compteur ? »

Elle avait souvent de très belles robes. Ma mère était outrée parce que quand elle venait, elle la voyait avec une belle robe le matin et puis elle se flanquait sous sa voiture pour arranger quelque chose sous l'auto.

A. C. - Elle était fantaisiste.

G. B. - Ah oui. Elle savait bricoler, elle bricolait l'électricité, elle faisait beaucoup de choses par elle-même.

A. C. - C'est intéressant, pour situer son caractère. Parce qu'on ne la connaît pas, on connaît Apollinaire, mais que sait-on de son caractère à elle. On sait qu'elle a été dévouée à Apollinaire, un point c'est tout.

G. B. - Mais avec beaucoup de détails vous pourrez arriver à reconstituer sa vie et son caractère.

A. C. - Tout en enregistrant, j'essaie d'imaginer quelle femme elle était.

G. B. - Ma mère chantait beaucoup. Elle chantait beaucoup à la maison et ma tante jamais. Une fois, après la guerre, je lui avais parlé de Janine qui allait devenir ma femme, avec beaucoup de prudence, et j'ai dit à ma tante qu'on prenait des cours de danse. Elle a trouvé que c'était ridicule, la danse ; elle avait peut-être dansé autrefois mais elle trouvait que c'était ridicule. Cela lui rappelait peut-être des souvenirs plus lointains qu'elle regrettait.

A. C. - Ou parce qu'Apollinaire était jaloux, car on sait qu'il était jaloux quand il aimait une femme, ou parce que c'était la guerre. Donc après elle ne s'est peut-être jamais remise de son deuil.

G. B. - Peut-être qu'elle dansait avec Arthur Johnson. Je sais que le soir, à certaines époques, il y avait le gramophone rouge, d'un beau vieux rouge de cette époque là. Je crois que je l'ai encore. Ils mettaient les disques, c'étaient les disques *La Voix de son Maître*. Il y avait des airs de danse, il devait y avoir des slow, je me souviens qu'il y avait Joséphine Baker qui chantait *J'ai deux amours*. Je me souviens que Johnson avait mis le disque et ma tante a dit : « c'est gentil de sa part de chanter Paris ».

A. C. - Et Johnson qu'est-ce qu'il est devenu ?

G. B. - Pendant la guerre, il est revenu à Londres, il était officier, il était aussi interprète. Il parlait plusieurs langues, l'anglais, l'italien, le français, l'allemand et il connaissait peut être le latin. C'était un érudit et un gentleman.

Il a été à Londres. Avant la guerre, il passait des vacances avec ma tante sur les bords du Petit Morin. J'ai retrouvé des photos où ils sont dans une barque. Etant enfant j'aimais beaucoup ces endroits là.

A. C. - Je suis allée dans cette région pour voir Pierre Mac Orlan, c'est très joli.

G. B. - Oui, c'était une charmante contrée, et Johnson était là, c'était vraiment quelqu'un de très bien.

A. C. - Elle a dû être heureuse avec lui.

G. B. - Oui. Ils ont vécu ensuite après la guerre rue de l'Université. Je n'étais pas au courant des affaires sentimentales de ma tante, bien sûr. Mais j'ai appris par la suite qu'il avait une secrétaire italienne et finalement il s'est marié avec elle. Ma tante en a été très affectée, mais elle ne voulait pas se marier. Il lui avait demandé de l'épouser, mais elle voulait conserver son nom.

Ce dont je parle là, je m'en suis souvenu, avec émotion, ce matin. Je suis allé à Rome, l'année dernière. Je m'étais dit qu'il y avait à Rome la secrétaire de Johnson, mais où était-t-elle ? J'ai retrouvé une lettre qui indique : Viola, rue du Singe. Il y a aussi une lettre de Picasso à Apollinaire où il écrit : « J'ai vu ta belle rue, la rue du Singe ». Le mot « singe » est peut-être écrit en italien, je ne me souviens plus.

J'ai relu la lettre de Viola qui parle de la mort de Johnson à Jacqueline.

A. C. - Elles étaient restées en contact ?

G. B. - Oui, elles étaient restées amies. Viola était une femme très bien. Je ne l'ai pas connue, mais j'aurais pu la connaître. Il faudra que je retourne à Rome. J'ai maintenant son adresse, il paraît qu'Arthur Johnson a vécu dans un beau jardin. Il est peut être enterré dans cette propriété.

A. C. - Vous rappelez-vous du nom de la secrétaire ?

G. B. - Son nom de famille, c'était Viola Johnson de par son mariage. Mais son nom de jeune fille, je ne le connais pas.

A. C. - Si on pouvait le connaître, on trouverait peut-être sa famille. On pourrait l'obtenir à la mairie si vous connaissiez la date du mariage de Johnson et s'il a eu lieu à Paris.

G. B. – Non, car ils ont dû se marier à Rome.

Je me souviens, parce qu'elle était très affectée, le jour où Jacqueline Apollinaire, ma tante, m'a annoncé la mort de Johnson. D'abord je disais : « Monsieur Johnson », puis ma tante m'a dit « tu n'as qu'à l'appeler « mon oncle ». Je lui disais « mon oncle » et plus tard, comme je n'entendais plus parler de lui, je disais à nouveau « Monsieur Johnson », et puis un jour ma tante m'a dit qu'il était décédé depuis quelques années.

Quant à Monsieur Mercier, j'allais de temps en temps chez lui, il m'avait invité avec Janine, ma femme, et ma tante. Il demeurait rue Victor Considérant. Un jour nous allons chez lui : dans son appartement, il avait des masques chinois, c'était la mode. Ma mère avait une amie, rue de la Glacière, dont le mari collectionnait les armes chinoises et les masques. Quand j'y allais, étant enfant, cela m'effrayait un peu.

Alors je vais chez Pépère, c'est à dire Monsieur Mercier, je regarde ces masques, et il me dit : « Ecoute, si cela te plaît, tu n'as qu'à les emporter. » Mais je n'en avais pas du tout envie. Je ne voulais jamais vexer les gens, lorsqu'on me demandait si quelque chose me plaisait, je disais toujours oui. Il les a mis dans un paquet et me les a donnés. Il est remonté avec ma tante à l'étage au dessus. On allait partir. Je dis à Janine : « Où peut-on les mettre ? J'ai envie de les remettre ». Alors je les ai raccrochés et on est parti. Il a dû s'en rendre compte après. Je n'aimais pas ces masques, cela me faisait peur.

Monsieur Mercier était très gentil. Il fumait la pipe. J'avais des bons de tabac et je les lui donnais. Souvent, en échange, il me faisait un cadeau et il était content de pouvoir se procurer du tabac.

Un jour, j'étais chez ma tante boulevard Saint-Germain, il lui rend visite. Il souffrait d'une éventration, je crois. Le docteur Montagut était là avec sa femme. Monsieur Mercier parlait de sa maladie et Montagut lui dit : « mais il faut te faire opérer, ce n'est rien, tu verras. » En qualité de docteur il le rassurait. Monsieur Mercier était assez fort mais il se portait bien. Il souffrait de cela, c'est tout. Peu après, je demande de ses nouvelles à ma tante, elle me dit : « Il est décidé, il va se faire hospitaliser ». C'était dans une clinique vers la Porte Maillot. Après, elle m'a dit :» Il s'est fait opérer, cela va très bien ». Nous sommes allés le voir à la clinique avec ma tante, c'était aux Sablons. Il m'a paru assez bien, un peu affaibli bien sûr. Il était moins rose de figure. Quelques temps après, ma tante me dit « cela ne va pas, il y a eu des adhérences ».

A. C. - Ce devait être un cancer.

G. B. - C'était un cancer, il est mort quelque temps après.

L'enterrement s'est fait. Je n'ai pas pu y assister. Il avait un frère. Quelque temps après, je crois que c'est après la mort de ma tante, je me suis dit : si j'allais voir l'endroit où Monsieur Mercier a été enterré. J'ai eu du mal à le trouver. Il est avec d'autres personnes que je ne connaissais pas. J'ai vu son nom parmi beaucoup d'autres noms, et je n'y suis pas retourné.

A. C. - Il est donc enterré à Neuilly ?

G. B. - Oui.

A. C. - Il n'est pas au cimetière Montparnasse qui est proche de son domicile ?

G. B. - Non, vers Neuilly.

Ma tante avait d'autres amis en Touraine, elle a fait la connaissance de femmes de la région. Il y avait de jolies maison dans les environs, des gentilhommières, par exemple il y avait l'héritière du musicien Gounod. J'y ai rencontré Madame Gounod. Ma tante avait aussi son homme de confiance, Bernard Poissonnier. Elle avait besoin de lui parce qu'il avait du temps libre. Il avait sa famille à Niort et il avait une sœur là bas. Je ne sais pas dans quelle mesure ma tante et lui se connaissaient. Elle me parlait de lui, par exemple un jour elle me dit qu'elle l'avait envoyé demander quelque chose à un éditeur, car cet éditeur ne voulait pas rendre des papiers appartenant à ma tante. Bernard a été discuter avec cet éditeur pour subtiliser le papier qu'il a rendu à ma tante.

Elle lui donnait aussi des tableaux à vendre. Ma tante lui disait le prix, je ne sais pas si c'était le prix réel, c'est possible. Mais ce que je remarquais, c'est que quand elle m'invitait à déjeuner boulevard Saint-Germain, dans la petite salle à manger, il y venait lui aussi. Ma tante l'abaissait toujours devant moi, à tel point que j'étais gêné. J'avais l'impression qu'elle aurait voulu que cela soit moi qui soit à la place de Bernard.

En effet, après la guerre, quand je suis revenu la voir, elle m'a proposé de venir vivre avec elle à Chandon et nous aurions travaillé ensemble. Seulement je quittais mes parents, je n'avais pas d'emploi. Je devais me faire une situation et je ne me suis pas décidé.

A. C. - Il lui fallait sans doute quelqu'un pour s'occuper de la succession d'Apollinaire, des papiers, des ventes.

G. B. - Oui cela m'aurait dépaysé. Je n'aurais pas pu. Vous savez, quand je sortais, j'allais en boite parce qu'il y avait des fêtes. Je connaissais des filles et pour moi les filles ont beaucoup compté. Je ne me serais pas senti libre.

A. C. - Vous aimiez danser ?

G. B. - Oui et je dois dire que j'ai toujours été plus attiré par les filles que par les garçons par le fait que j'ai toujours été en pension. Cela me pesait. J'ai été obligé de m'engager. J'ai travaillé aux chemins de fer du Nord, ensuite il y a eu la SNCF. J'étais à la Compagnie du Nord, puis à la SNCF, il y a eu trop de personnel et ils ont licencié. Je n'avais que huit mois de présence. J'étais auxiliaire. Ils m'ont donc licencié. J'ai trouvé un emploi tout de suite à l'Office Hongrois du tourisme, et après, chez le docteur Stylo, boulevard Bonne Nouvelle. C'était de petits emplois. Je ne voyais pas bien l'avenir, alors je me suis engagé. D'ailleurs j'ai été un peu encouragé par Monsieur Mercier. C'était avant la guerre, il m'encourageait parce qu'il connaissait un officier supérieur. Je me suis dit :» je vais choisir Oran, parce que c'est l'Afrique du Nord, c'est au bord de la mer et c'est l'artillerie. » Je ne voulais surtout pas aller dans l'infanterie. J'ai donc connu Oran. C'était l'artillerie automobile. Il y avait le canon de 90, le canon de 155 coups. Donc ce qu'Apollinaire a connu, je l'avais senti.

A. C. - Vous avez connu la même chose que lui, puisqu'il a été en Algérie.

G. B. - Les caissons, les canons, tout cela. J'allais chez les Espagnols parce qu'il y avait des Espagnols à Oran. L'un d'eux voulait passer son certificat d'études. Je l'aidais le soir et lui m'invitait dans sa famille. Les jeunes filles étaient superbes mais si on fréquentait une jeune fille, on avait toute la famille sur le dos. À tel point que quand nous avons quitté pour la guerre, j'avais un sympathique ami qui était adjudant et moi je n'étais que canonnier. Il habitait le treizième arrondissement et il m'a dit au moment de partir, de s'embarquer pour la France, pour la guerre : « Ecoute, Gilbert, je suis très embêté parce que je connais une jeune fille, mais il y a la famille qui m'attend au détour, là. Alors tu vas mettre mes habits et moi je vais mettre les tiens. Tu seras dans la file et moi je serai dans le groupe. »

J'ai accepté et on l'a fait. On a rejoint, le port, le bateau et il a dit « ouf ! » sur le bateau. Puis on a rechangé parce qu'il y avait toujours un cousin, un frère qui pouvait.... Je ne sais pas ce qu'il avait fait à cette jeune fille mais il était très inquiet, il avait peur.

A. C. - Vous couriez un danger en prenant ses habits ?

G. B. - Non, parce que les Espagnols je les connaissais bien, je connaissais aussi les Juifs. J'aimais bien discuter avec les Juifs dans leurs magasins. Pour les jeunes filles j'étais un parti intéressant, parce que j'étais engagé, je suivais les pelotons, j'aidais leurs frères. J'étais bien reçu dans les familles. J'apprenais l'espagnol. Je suis assez caméléon. Quand j'étais chez les Polonais, j'ai vécu chez des Polonais. Je suis à l'aise partout. Je suis allé en Tunisie il y a quelques années, le douanier regarde mon nom et il me dit « Mais n'êtes-vous pas Tunisien ? » Je lui ai dit « Non, mais je regrette parce que je me plais bien dans votre pays ». Il croyait que j'étais Tunisien parce qu'il y a Bou et dar dans mon nom.

Les Allemands me prenaient pour un Tzigane, ils me faisaient peur parce qu'ils voulaient m'embarquer. J'étais très noir, vous savez, très brun.

A. C. - Vous avez appris l'allemand en Allemagne ou vous le parliez déjà ? Et vous avez été prisonnier combien de temps ?

G. B. - Cinq ans. J'ai connu une Allemande, une jeune fille, j'ai connu après la femme d'un officier allemand qui était sur le front russe et qui était de la Gestapo. Alors à la suite de cela j'ai été envoyé dans un camp au régime très dur où c'était un peu la vie des déportés.

Après j'ai connu une Polonaise, j'aurais pu me marier en Pologne.

A. C. - Vous avez eu une vie aventureuse.

G. B. - Claude Berri m'a dit que je devrais écrire mon histoire.

A. C. - Pourquoi pas ? après que vous aurez travaillé avec moi pour Jacqueline Apollinaire, vous écrirez vos mémoires.

G. B. - Peut-être.

A. C. - Cela va vous faire revivre beaucoup de choses, à propos de Jacqueline.

Fragments de *La jolie rousse*

Me voici devant tous un homme plein de sens
Connaissant la vie et de la mort ce qu'un vivant peu connaître
Ayant éprouvé les douleurs et les joies de l'amour
Ayant su quelquefois imposer ses idées
Connaissant plusieurs langages
Ayant pas mal voyagé
Ayant vu la guerre dans l'Artillerie et dans l'Infanterie
Blessé à la tête trépané sous le chloroforme
Ayant perdu ses meilleurs amis dans l'effroyable lutte
....
Voici que vient l'été la saison violente
Et ma jeunesse est morte ainsi que le printemps
O Soleil c'est le temps de la Raison ardente
            Et j'attends
Pour la suivre toujours la forme noble et douce
Qu'elle prend afin que je l'aime seulement
Elle vient et m'attire ainsi qu'un fer aimant
            Elle a l'aspect charmant
            D'une adorable rousse

Ses cheveux sont d'or on dirait
Un bel éclair qui durerait
Ou ces flammes qui se pavanent
Dans les roses-thé qui se fanent

Mais riez riez de moi
Hommes de partout surtout gens d'ici
Car il y a tant de choses que je n'ose vous dire
Tant de choses que vous ne me laisseriez pas dire
Ayez pitié de moi.

BIBLIOGRAPHIE

Œuvres de Guillaume Apollinaire

Œuvres complètes, édition établie sous la direction de Michel Décaudin, préface de Max-Pol Fouchet, introduction et notes de Michel Décaudin, introduction établie par Marcel Adéma, Paris, André Balland et Jacques Lecat éd., 4 vol.+ 4 coffrets de fac-similés, 1965-1966.

Œuvres poétiques, préface par André Billy, texte établi et annoté par Marcel Adéma et Michel Décaudin, Paris, Gallimard, Bibliothèque de la Pléiade, 1956, dernière édition 2001.

Œuvres en prose, tome I, textes établis, annotés et présentés par Michel Décaudin, Paris, Gallimard, (Bibliothèque de la Pléiade), 1977.

Alcools et Calligrammes, coll. Lettres Françaises, Imprimerie Nationale, 1991 (Edition Claude Debon).

Œuvres en prose complètes, tomes II et III, textes établis, annotés et présentés par Pierre Caizergues et Michel Décaudin, Paris, Gallimard, (Bibliothèque de la Pléiade), tome II, 1991, tome III,1993.

Ouvrages et études consacrés à Guillaume Apollinaire

Adéma, P-M. *Guillaume Apollinaire*, Paris, La Table ronde, coll. Les Vies perpendiculaires, 1968.

Alexandre, D. *Guillaume Apollinaire -Alcools*, Paris, PUF, Etudes littéraires, 1994.

Balandier, F. *Les Prisons d'Apollinaire*, Paris, L'Harmattan, 2001.

Bates, S. *Guillaume Apollinaire*, nouvelle édition, Boston, Twayne Publishers, 1989.

Bates, S. *Dictionnaire des mots libres d'Apollinaire*, Sewance (Tennessee), s.n., 1991.

Billy, A. *Apollinaire vivant*, Paris, La Sirène, 1923.

Birnberg, J. « Etat présent des études polonaises sur Apollinaire », Australian Journal of French Studies, vol. 5, N°3, 263-294, 1968.

Birnberg, J. « Guillaume Apollinaire, Paul Celan mother tongue and the poisons of ethnicity », in *Kulturgeschichtliche Studien*, Editions Peter Lang Verlag, Francfort, 2002.

Boisson, M. *Apollinaire et les mythologies antiques*, Fasano-Paris, Schena-Nizet, 1989.

Boschetti, A. *La poésie partout. Apollinaire, homme époque (1898-1918)* Paris, Seuil, coll. Libr. 2001.

Boudar, G. avec la collaboration de M. Décaudin. *Catalogue de La Bibliothèque de Guillaume Apollinaire*, Editions du CNRS, Paris, 1983.

Briolet, D. « Sur un poème d'Apollinaire : énonciation et littéralité », in *La parole prise aux mots. Essais sur l'énonciation,* Textes et langages V, Université de Nantes, 1982, p.121-133.

Briolet, D. « Du mystère en fleurs » à « la raison ardente » : symbolisme poétique et histoire vus à travers plusieurs approches d'un poème d'Apollinaire » (« La Jolie Rousse »), in Daniel Briolet, Le Langage poétique, Paris, Nathan,1984, 128 p. 70-81.

Briolet, D. « Guillaume Apollinaire et Hanns Heinz Ewers », in *Amis européens d'Apollinaire*, sous la direction de Michel Décaudin, Presses de la Sorbonne Nouvelle, 1995, p.133-150.

Briolet, D. « *Banalités :* une lecture de cinq poèmes d'Apollinaire mis en musique par Francis Poulenc », in *Que Vlo-ve* ?, Bulletin international des études sur Apollinaire, 28ème année, 4e série, n°10, avril-juin 2000, p. 45-54.

Burgos, J. « Un poème prototype : « L'Enchanteur pourrissant », *Guillaume Apollinaire 7*, Revue des Lettres modernes, 1968, et *Apollinaire, Les Critiques de notre temps*, Garnier, 1971.

Burgos, J. « Sur la thématique d'Apollinaire : lapidaire, herbier, bestiaire », *Guillaume Apollinaire* 8, Revue des Lettres modernes, 1969 - Actes du Colloque de Varsovie, 1968.

Burgos, J. Apollinaire et le recours au mythe, Du monde européen à l'univers des mythes, Lettres modernes, 1970, Actes du Colloque de Stavelot, 1968.

Burgos, J. *« L'Enchanteur pourrissant » de Guillaume Apollinaire*. Edition critique : introduction, notes, commentaires et variantes, Lettres modernes, 1972, Prix de l'édition » critique.

Burgos, J. « Naissance d'un langage : Apollinaire correcteur de lui-même », *Apollinaire, inventeur de langages*, Lettres modernes, 1973, Actes du Colloque de Stavelot, 1970.

Burgos, J. *Pour une poétique de l'imaginaire*, Paris, Le Seuil, coll. Pierre Vives, 1982.

Burgos, J. « Apollinaire ou les irréalités raisonnables », chapitre 7 de *Pour une poétique de l'imaginaire*, Paris, Editions du Seuil, 1982.

Burgos, J. « Apollinaire hors les murs », (*Apollinaire e l'avanguardia*), Bulzoni-Roma, Nizet, Paris 1984, Actes du Colloque de Rome, 1980.

Burgos J. (en collaboration), *Vers une poétique nouvelle*, Klincksieck, 1988.

Burgos, J. Debon, C. Décaudin, M". *Apollinaire, en somme,* Paris, Honoré Champion, Littérature de notre siècle, 1998.

Burgos J. *Dernières nouvelles de l'Enchanteur,* Paris, Lettres Modernes, Minard, 2002.

Caizergues P. *Apollinaire journaliste.* Textes retrouvés et textes inédits avec présentation de notes. Lille, Service de reproduction des thèses de Lille-III, 1979, 3 vol.

Caizergues, P. *Apollinaire journaliste. Les débuts de la formation du journaliste 1900-1909*, Paris, Lettres modernes, Minard, Bibliothèque des Lettres Modernes, 30, 1981.

Caizergues, P. en collaboration avec Gilbert Boudar, *Catalogue de la bibliothèque d'Apollinaire*, tome II, *Périodiques*, CNRS, 1987.

Caizergues, P.La femme et l'amour dans les Chroniques et les Echos, *Guillaume Apollinaire 17*, Lettres modernes, 1987.

Caizergues, P. Le comique et les marionnettes, Apollinaire/ Teatro/ *Bérénice* 3, Lucarini, Roma, 1987.

Caizergues, P. Apollinaire masqué, Théorie et pratique de la métaphore, *Métaphores 8*, Nice. (sans date).

Caizergues, P. « La Correspondance reçue par Guillaume Apollinaire (Archives de la collection Apollinaire) ». *Revue d'histoire littéraire de la France*, septembre-octobre 1995.

Caizergues, P. « Wilhelm de Kostrowitzky le très aimé, Inventaire de la Correspondance sentimentale d'Apollinaire. Documents inédits » *La Quinzaine littéraire* , n°726, 1°-15 novembre 1997.

Campa, L. *Apollinaire, critique littéraire*, Honoré Champion, Litttérature de notre siècle, 2001.

Campa, L. *L'Esthétique d'Apollinaire*, Paris, SEDES, coll. « Esthétique », 1996.

Clancier A. *Le secours du mythe.* Conférence faite à la Société psychanalytique de Paris, 1980.

Clancier, A. Mythe et biographie, *Revue française de psychanalyse*, *Des Biographies*, 1988, LII,1, p.51-65.

Clancier, A. Apollinaire et le masque, *Bérénice*, *Revue de littérature française*, Rome, Lucarini, 1981, p.75-86.

Clancier, G-E. La raison ardente, Guillaume Apollinaire, in *De Rimbaud au surréalisme*, Paris, Seghers, 1955.

Clancier, G-E. Vivre avec Apollinaire, in *Dans l'aventure du langage*, Paris, PUF, 1987.

Cornille, J-L. *Apollinaire et Cie*, coll. Objet, dirigée par Ph. Bonnefis, Septentrion, Presses universitaires, 2000.

Couffignal, R. *L'inspiration biblique dans l'œuvre de Guillaume Apollinaire*, Paris, Lettres modernes, Minard, Bibliothèque des Lettres modernes 8, 1996.

Davies, M. *L'ironie dans l'œuvre de Guillaume Apollinaire*, thèse d'Université, Paris-Sorbonne, 1948. (première thèse en français consacrée à Apollinaire).

Debon, C. « Une âme en guerre : G. Apollinaire de 1914 à 1918 », *L'Information littéraire*, n°3, mai-juin 1979.

Debon, C. « Les Eclats de mots d'un bâtard sans racines », *Les Nouvelles littéraires*, 20-27 novembre 1980.

Debon, C. *Guillaume Apollinaire après* Alcools, Tome 1. *Le poète et la guerre*, Bibliothèque des Lettres modernes n°31. Lettres modernes, 1981, (publication de la première partie d'une thèse : *Guillaume Apollinaire de 1914 à 1918*, dont leTome II, *Approche de l'univers intérieur*, aborde les problèmes d'identité.

Debon, C. Apollinaire, *Glossaire des œuvres complètes*, Publication de la Sorbonne nouvelle, 1988.

Décaudin, M. « Apollinaire et le cinéma image par image ». *Apollinaire*. collectif. Turin-Paris, Giappichelli-Nizet, 1970.

Décaudin, M. en collaboration avec Gilbert Boudar, *Catalogue de la bibliothèque d'Apollinaire*, tome I, *Ouvrages*, CNRS, 1985.

Décaudin, M. *Guillaume Apollinaire*, Introduction de Philippe Soupault, Paris, Librairie Séguier/Vagabondages, 1986.

Décaudin, M. *Le Dossier d'*Alcools. Editions annotée des préoriginales avec une introduction des documents. Troisième édition revue. Genève. Droz, 1996.

Décaudin, M. *Apollinaire*, Le livre de poche, Librairie générale française, Paris, 2002.

Delbreil, D. « Un fantastique apollinarien ? », in *Regards sur Apollinaire conteur*, Lettres modernes, Paris, Minard, 1975.

Delbreil, D. « Lettre Océan » (avec Françoise Dininman et Alan Windsor), *Que vlo-ve ?*, n° 21, juillet-octobre 1979.

Delbreil, D. « Le jeu autobiographique dans les contes de Guillaume Apollinaire », Thèse de doctorat de 3e cycle, sous la direction de Michel Décaudin, Université de La Sorbonne Nouvelle-Paris III, 1983.

Delbreil, D. « La tradition au tournant du siècle. Pour une lecture de « La chanson du mal-aimé » selon le tarot », *Les Cahiers de Varsovie, Apollinaire au tournant du siècle*, Varsovie, 1983.

Delbreil, D. « L'Œuvre de fiction de Guillaume Apollinaire (contes et romans). La Poétique d'un hérésiarque », Thèse de doctorat d'Etat, sous la direction de Michel Décaudin, Université de La Sorbonne Nouvelle-Paris III, 1984.

Delbreil, D. « M. Guillaume Apollinaire de la firme humoristalamode et Cie », in *L'Esprit nouveau dans tous ses états*, Mélanges offerts à Michel Décaudin, Paris, Lettres modernes, Minard, 1986.

Delbreil, D. « La mise en 'je' dans les Contes de Guillaume Apollinaire », *L'Ecole des lettres*, n°13, *Apollinaire II*, Paris, 1992.

Delbreil, D. *Apollinaire et ses récits*, Préface de Giovanni Dotoli et Sergio Zoppi, Fasano-Paris, Shena-Didier Erudition, 1999.

Dininman, F. *Du merveilleux au mythe personnel*, Merveilleux, scenario initiatique et mythe personnel dans les contes d'Apollinaire. Thèse de ddoctorat de 3° cycle soutenue le 7 juin 1980 à la Sorbonne nouvelle. Ex. dactylographié.

Dininman, F. « Blessures et mutilations symboliques dans l'oeuvre de Guillaume Apollinaire », *Guillaume Apollinaire 17*, 1987.

Doucet, J. *Apollinaire à La Baule* suivi de *Apollinaire, permissionnaire en Bretagne (Bénodet et Kervoyal)*, Préface de Michel Décaudin, La Turballe, Ed. Alisés, coll. L'Esprit large, 2000.

Durry, M-J. *Guillaume Apollinaire* - Alcools, Paris, SEDES, tomes I, 1956, II, 1964, III, 1964.

Fonteyne, A. *Apollinaire prosateur. L'Héréstarque et Cie*, Paris, G. Nizet, 1964.

Green, A. *Un œil en trop, ou le complexe d'Œdipe dans la tragédie*, Paris, Ed. de Minuit, 1992.

Green, A. *La Déliaison, psychanalyse, anthropologie et littérature*, Paris, Les Belles lettres, 1992.

Hubert, E-A. *Circonstances de la poésie, Reverdy, Apollinaire, Surréalisme*, Préface de Michel Murat, Paris, Klincksieck, Bibliothèque du XXe siècle, 2000.

Larose, R. *Guillaume Apollinaire, L'Enchanteur*, coll. Temps Vifs, Marseille, Autres Temps, 1993.

Lentengre, M-L. *Apollinaire. Le nouveau lyrisme,* Paris, Jean-Michel Place, coll. Surfaces, 1996.

Oster, D. *Guillaume Apollinaire*, Paris, Pierre Seghers, Poètes d'aujourd'hui, 1975.

Martin-Schmets, V. *Index de la correspondance de Guillaume Apollinaire*, Lettres Modernes, Minard, Les Carnets bibliographiques de la *Revue des Lettres Modernes,* 1992.

Pauvert, J-J. *Apollinaire et Monaco*, Paris, Ed du rocher, 1999.

Pia, P. *Apollinaire*, Paris, Editions du Seuil, dernière édition mise à jour, 1998.

Phalèse, H. de. *Quintescence d'*Alcools. *Le Recueil d'Apollinaire à travers les nouvelles technologies.* Paris, Nizet, collection Cap'Agreg, 1996.

Read, P. *Picasso et Apollinaire. Les métamorphoses de la mémoire 1905-1973*, Paris, Jean-Michel Place, 1995.

Read, P. *Apollinaire et Les Mamelles de Tirésias, La revanche d'Eros,* Presses universitaires de Rennes, coll. Interférences, 2000.

Rehage, G-P. *Wo sindWorte für das Erleben, Die lyrische Darstellung des Ersten Weltkrieges in der französischen und deutschen Avantgarde*, Heidelberg, Universitätsverlag C.Winter, 2003.

Renaud, Ph. *Lectures d'Apollinaire*, Lausanne, Edtions l'Age d'homme, 1969.

Rouveyre, A. *Amour et poésie d'Apollinaire*, Paris, Editions du Seuil, 1955.

Sacks-Galey, P. *Calligramme ou écriture figurée, Apollinaire inventeur de formes*, Paris, Lettres Modernes Minard, Interférences arts-lettres 6, 1988.

Soupault, Ph. *Guillaume Apollinaire ou Reflets de l'incendie*, Marseille, Cahiers du Sud, 1927.

Toussaint-Luca, A.*Guillaume Apollinaire,* Souvenirs d'un ami. Lettre-Préface de Max Jacob. Introd. et notes de M.Adéma. 32 lettres et 10 dessins inédits de G. Apollinaire, Paris, Rocher, 1955.

Varagnat, J-J. « Apollinaire en principauté », *Annales monégasques*, n°4, 1980.

Zoppi, S. « I Kostrowitzky a Roma », *Apollinaire*, collectif. Turin-Paris, Hiappicelli-Nizet, 1979.

Filmographie

Apollinaire enregistré et filmé en 1914, Présenté par Michel Décaudin et André Rouveyre, Marseille, André Dimanche, 1992.

Guillaume Apollinaire, réalisation Jean-Claude Bringuier, dans la série de Bernard Rapp, « Un siècle d'écrivains », France 3.

Guillaume Apollinaire, les amours du mal-aimé, Scénario de Georges-Emmanuel Clancier, deux épisodes. Réalisation Marcel Camus, France 2, 1981.

REMERCIEMENTS

Je rappelle le souvenir des amis et des admirateurs d'Apollinaire qui nous ont quittés, Marcel Adéma, Pierre Albert-Birot, M.L.Belleli, Madeleine Boisson, Léon Cellier, Michel Décaudin, Françoise Dininman, M. Giannini, Marie-Louise Lentengre, Philippe Soupault.

Je remercie Jean Burgos qui a bien voulu lire attentivement le manuscrit de ce livre et Murielle Gagnebin qui m'a invitée à le publier.

Psychanalyse et Civilisations

Collection dirigée par Jean Nadal

L'histoire de la découverte de la psychanalyse témoigne que démarche clinique et théorie issues de champs voisins ont concouru, par étayage réciproque à élaborer le concept d'inconscient, à éclairer les rapports entre pathologie et société et à reconsidérer les liens entre le malaise du sujet singulier et celui de la civilisation.

Dans cette perspective, la collection *Psychanalyse et Civilisations* tend à promouvoir cette ouverture nécessaire pour maintenir en éveil la créativité que Freud y a trouvée pour étayer, repenser et élargir la théorie. Ouverture indispensable aussi pour éviter l'enfermement dans une attitude solipsiste, qui en voulant protéger un territoire et préserver une identité, coupe en réalité la recherche psychanalytique de ses racines les plus profondes.

Déjà parus

MARITAN Claude, *Abîmes de l'humain,* 2006.
HACHET Pascal, *L'homme aux morts*, 2005.
VELLUET Louis, *Le médecin, un psy qui s'ignore*, 2005.
MOREAU DE BELLAING Louis, *Don et échange, Légitimation III*, 2005.
ELFAKIR Véronique, *Désir nomade*, Littérature de voyage : regard psychanalytique, 2005.
DELTEIL Pierre, *Des justices à la justice*, 2005.
HENRY Anne, *L'écriture de Primo Levi,* 2005.
BERGER Frédérique F., *Symptôme et structure dans la pratique de la clinique. De la particularité du symptôme de l'enfant à l'universel de la structure du sujet*, 2005.
LELONG Stéphane, *Un psychanalyste dans le secteur psychiatrique*, 2005.
J. ROUSSEAU-DUJARDIN, *Pluriel intérieur. Variations sur le roman familial*, 2005.
VEROUGSTRAETE Anne, *Lou Andreas-Salomé et Sigmund Freud. Une histoire d'amour*, 2005.
HERVOUËT Véronique, *L'enjeu symbolique Islam, christianisme, modernité*, 2004.
BENOIT Pierre, *Le corps et la peine des Hommes*, 2004.
LEFEVRE Alain, *Le spectateur appliqué*, 2004.
STRAUSS-RAFFY, *Le saisissement de l'écriture*, 2004.
DINTRICH Carmen, *Autopsie d'un fantôme*, 2004.
DUBOIS Thierry, *Addiction, ce monde oublié*, 2004.

647481 - Avril 2016
Achevé d'imprimer par